知っているようで知らない

ビジネス用語辞典

ビジネス用語研究会 編
出口 汪　監修

水王舎

この会話の意味、わかりますか？

仕事の現場でひんぱんに登場する「ビジネス用語」。以下の例文の意味がわからないという人は、本書をすぐにお読みください。

シーン 1

A社との取引は、インセンティブが大きいから魅力的だね。
でも、しょっちゅうサマリー提出を求められるんだ。
積極的にコミットすればいいんだよ。

意味がわからない人は、
←第１章へ

シーン2

例の案件、ペンディングになったらしいけど、どうして？
コンプライアンスの問題みたいだよ。
うちの会社のリソースをつぎこんでいるのに、大丈夫かなぁ。

意味がわからない人は、
←第２章へ

シーン3

今朝のブリーフィングで、部長が課長を叱ったらしいね。
課長がコンテクストを読めない発言をしたんだ。
あのふたり、イデオロギー的にも合わないところありそうだね。

意味がわからない人は、
←第３章へ

はじめに

「イノベーション」「ソリューション」など、近年、世の中にはビジネス用語が氾濫しています。

「なぜ日本語で言わないんだ」とお怒りの方も多いでしょう。まさにその通り。

しかし時代の流れとは恐ろしいもので、すでに世間は多用する人たちで溢れかえっています。「俺は同調なんてしないぞ！」と思うのは簡単ですが、それが世間で多く使われている現実から目を背けてはいけません。自分の好き嫌いはさておき、世の中の一部は確実にビジネス用語を使う方向で動いているのです。

であるならば、それをいい機会だと考え、意味を知ってしまうのはどうでしょう。

ほとんどの人は雰囲気で使いたいだけで、実はそれほど意味などわかっていません。また、そういった人が使うだけあって、たいして難しいわけではないのです。

「俺は使わないぞ！」などと意地になっていたら、それこそヤツらにバカにされます。それならばいっそビジネス用語について正しい知識を持ち、使いこなしてみせようではありませんか。

本書では新聞、雑誌などの資料から厳選したビジネス用語を解説しています。一つの言葉を深く掘り下げるというよりも、意味を知ること、使い方などを押さえるようにしています。

本書を読めば、よく耳にしていたビジネス用語がより親しみやすくなるはずです。

第1章 常識として知っておきたいビジネス用語

第2章 使いこなしたいビジネス用語

第3章 機会を見て使ってみたいビジネス用語

この本の使い方

1 ビジネス用語

新聞、雑誌など、世間でよく見聞きするビジネス用語を厳選しました。

2 かんたん解説

かんたんな意訳です。ここを読んでから本文を読めばスルスル理解できるはずです！

3 解説文

ビジネス用語に関わる解説ですが、ちょっとした豆知識も入っていてわかりやすいはず！

4 語源・由来

元はどんなことから生じた言葉なのか、どんな意味を持っていたのかを紹介します。

5 使用例

具体的な使い方を紹介します。ちょっと笑っちゃうかも？

6 さらに理解を深めるマンガ

マンガで使用例を解説！　あまり参考にならないかも？

7 関連する用語

紹介したビジネス用語と関係のある用語を紹介。さらに理解が深まります。

第1章

常識として知っておきたい
ビジネス用語

ARCHIVE

アーカイブ

記録や資料をまとめて保存しておくことを意味する言葉です。特にIT関係などで多用されますので、この業界に関わる人は覚えておきましょう。

取引先の人から大事なことを伝えられたときに「念のためメモっておきますね」なんて言おうものなら、相手は「ハア?」となるでしょう。「メモる」などという言葉は、現代ビジネス界においては死語だからです。では、どんな言葉を用いればよいのか。正解は「アーカイブしておきます」です。

アーカイブとは、記録や資料をまとめて保存しておくという意味。また、まとめられた記録や資料そのものを指す場合もあります。とりあえずは、「アーカイブと言えば記録すること、その記録そのもの」なんだな、と覚えておけば問題ないでしょう。

アーカイブは5文字で、記録は2文字。「どう考えても記録を用いるほうが効率いいよな」などと考えていては、現代ビジネス界では置いていかれてしまいます。そのことをきっちりとアーカイブしておいてください。

IT業界では特によく使われる言葉で、この場合は「パソコンにある複数のデータをまとめること」という意味になります。また、ネット上の情報をまとめた場合には「Webアーカイブ」などと呼ぶことも。

使用例

「なるほど。そのような戦略もあるのですね。さすがは○○社長、勉強になりました。おい、キミ、ちゃんと自分の中にアーカイブしておくんだぞ」

語源・由来

「古文書」や「公文書」またそれらの保管場所という意味を持つ英単語。データを圧縮することを指す場合もあります。

ACCOUNTABILITY

アカウンタビリティー

当たり前のことですが、物事を説明する際には、相手に伝わるようにしなければなりません。相手が納得できる説明のことを「アカウンタビリティー」といいます。

A「きちんと納期を守って納品したのに、なぜ、支払いが遅れるのですか！」
B「いやー、実はですね。近々、私の妻が出産するんですよ。この手で抱くのが楽しみで楽しみで」
A「……いや、全然、答えになってないんですけど」

これはオーバーなケースとしても、質問したことに対して相手がきちんと答えてくれなかったという経験は、誰しもが一度ならずあるのではないでしょうか。

説明の目的は、会話や書面を通じて相手にも事情がわかるようにするためです。その目的が果たせないのであれば、それは説明とは言えません。相手にもわかるように説明をすること。それを「アカウンタビリティー」と言います。

ですが、相手が説明をきちんとせずにうやむやにしてこようとするのは、本当によくある話です。汚職の疑惑が取りざたされた政治家の常套句として、「記憶にございません」という言葉がブームになりましたよね。これなどは、アカウンタビリティーをまったく果たしていない代表的なフレーズです。そして説明責任をきちんと果たさない人はほぼ間違いなく信頼を失います。注意しましょう。

使用例

妻「あなた、ワイシャツのこの口紅はなんなの」
夫「それは、ほら、あれだよ。あー、なんだか急に眠くなってきたから寝るわ」
妻「待ちなさい！　男ならきちんとアカウンタビリティーを果たしなさいよ！」

語源・由来

「会計責任」の意味を持つ「accounting responsibility」という英単語が短くなったもの。日本では会計責任という意味で使われることは少なく、ほとんどにおいて「説明責任」の意味で用いられる。

AGENDA

アジェンダ

たまに若手政治家などが口にする「アジェンダ」は、「やるべき計画」「話さなければいけない事柄」という意味。使用頻度はビジネス用語の中で上位に入ります。

アジェンダはさまざまなビジネスシーンでよく使われます。理由は、それだけ使い勝手がよいからです。

たとえば会議においては、「議題」の意味で使われます。「○○くん、今日の会議のアジェンダは何かね?」と上司に聞かれることもあるでしょうから、この機会に覚えておきましょう。

また、「計画」を意味する言葉でもあります。あるビジネスをどのように進めていくのか、その具体的なプランという意味です。

ミーティングの際に「このプロジェクトの計画を発表します」ではなく、「このプロジェクトのアジェンダを発表します」と言ったほうが、より仕事のできるビジネスパーソンとして見てもらえることでしょう。

とりあえずは「これからやるべきこと(やらなければならないこと)」は、すべてアジェンダのひと言で片づきます。手っ取り早く優秀なビジネスパーソン扱いされたい人は、ことあるごとに「アジェンダ」を使っていきましょう。それがあなたの輝ける未来にとっての「アジェンダ」なのですから……たぶん。

使用例

部下「来週の会議のアジェンダは、例の高層マンション建設プロジェクトのアジェンダの報告です」

上司「そのアジェンダも大事だが、湾岸再開発のアジェンダはどうなっているんだ?」

語源・由来

英語では「議題」「スケジュール」「政治的課題」などを表します。ラテン語の「なされるべきこと」を意味するagendaが由来です。

INNOVATION

イノベーション

この社会を大きく変える可能性を秘めた革新的な事柄。それが「イノベーション」です。残念ながら、本当に革新的なものは実は少ないのが事実で……。

テレビCMや企業のWebサイト、雑誌のビジネスパーソンインタビューなど、あらゆるシーンで多く見かける言葉が、この「イノベーション」です。「社会を大きく変えてしまうような、革新的な発明や事柄」というのが、その意味になります。

イノベーションを起こした代表的なものとして挙げられるのが、ビジネスシーンには欠かせない存在でもあるスマホです。しかし、イノベーションはものであるとは限りません。スマホ関連で言えばソーシャルゲームのガチャも、イノベーションを起こしたといえるでしょう。基本無料でユーザーを集めて、射幸心や収集欲をおおいに刺激するガチャで集金するというビジネススタイルの確立です。ソシャゲの代表格である「パズドラ」のガンホー、「モンスト」のミクシィの株価は飛躍的に上昇しました。

イノベーションを巻き起こすには、当然、画期的なアイディアが必要です。しかし、それよりも大事なのは行動力でしょう。「きっと誰かが思いついたけど、やらなかったことだよな」などと考えず、とりあえず実行する。案外そんなところからイノベーションは生まれるかもしれません。

使用例

A「イノベーションを起こすって言ってた先輩がいただろ。あの人みたいになりたいな」
B「もうその段階でイノベーションは期待できないな」

語源・由来

オーストリア・ハンガリー帝国（現在のチェコ）出身の経済学者ヨーゼフ・シュンペーターが提唱した概念。「技術的な革新」と訳されるのが一般的だが、社会の構造やビジネススタイルの変革も含まれます。

INCENTIVE

インセンティブ

インセンティブは人の意欲をかき立てるための報酬。すなわち動機づけのご褒美です。インセンティブの額と人のヤル気は比例するといっても過言ではありません。

「俺は働くことが生きがいなんだ！」。そんなことを豪語する人が、あなたの周りにも何人かいると思います。もしもその人に「キミがどれだけがんばって売上を伸ばしても、他の人と給料は同じだから」と言ったら、どうなるでしょう。途端に働く意欲が失せてしまいますよね。

インセンティブはヤル気を引き出すための報酬のこと。「車を売ったら1台につき10万円を払うよ」という成果報酬を指します。多くのビジネスパーソンにとって、インセンティブの金額とヤル気は比例の関係にあると言えるでしょう。結果を出せば出すほど、どんどん報酬が上がっていく。自分の能力に自信がある人にはもってこいのシステムです。

プロスポーツの世界にもインセンティブはあります。いわゆる「出来高払い」と呼ばれるもの。契約社会のアメリカではこの出来高払いは多岐にわたり、契約書は辞書のような分厚さになることもあるとか。

インセンティブは別の意味でも使われます。繁華街でブースを構えて商品サンプルを配ったり、アンケート回答者に抽選でプレゼントをしたりなどの方法で購買意欲をそそる行為も、インセンティブと呼ばれます。

使用例

A「私を雇いたい？　インセンティブ次第ですね」
B「わかった。契約1件につき、米を10キロ出そう！」
A「いや、できればインセンティブは現金で……」

語源・由来

主に「刺激」の意味で使われ、「誘い」「励まし」などとしても使われる英単語から生まれたビジネス用語。成果報酬として使われるのが一般的ですが、「購買意欲を刺激する」という意味でも用いられます。

関連する用語

モチベーション

同じく「動機」という意味を持ちますが、どちらかというと金銭が絡まない場合に使われることが多いようです。会社の居心地のよさや、社長の魅力、プロジェクトの大きさ、仕事のやりがい、社内のイケメン率の高さなど。

INTERACTIVE

インタラクティブ

「双方向」の意味。どちらか一方からのアプローチではなく、互いにやり取りできる状態を指します。ITバブルのころから急激に使われ始めたビジネス用語。

本書のような出版物は、著者（出版社）とユーザーが一方通行の関係です。著者側からのメッセージが届けられますが、ユーザーからの意見を受け取ることはできません。ですが、もしも本書が特設サイトを開設するなり、ＳＮＳにアカウントを作るなりすればどうでしょう。この本を読んでくれた読者からの意見をダイレクトに受け取ることができますし、その意見に対して著者側から返事をすることも可能となります。これが「インタラクティブ」な関係です。

ネットが普及する以前は、ほとんどの情報は一方通行でした。たとえば好きな女性アイドルがいても、ファンは彼女が提供する情報を与えられるのみでした。

今は違います。多くの女性アイドルがＳＮＳにアカウントを持ってメッセージを発信。ときにはファンのコメントに返事をくれることもあるのです。

片思いから両想い……というのはかなり大げさな表現かもしれませんが、ひとたびネット世界に踏み込めば、どんな人ともやり取りできるかもしれない。ネットがいかにビジネス的な可能性を秘めているか、再認識させられますね。

使用例

A「ぼくと総務課のあの子はインタラクティブな関係なんだぜ」
B「いや、あの子、彼氏いるぞ」
A「じゃあ、俺の片思い!?」
B「ああ、少しも双方向じゃないな」

語源・由来

「つなぐ」の意味を持つ「インター」と、「活発な」の意味を持つ「アクティブ」が合わさってできた言葉です。「対話式」「相互作用」「双方向」という意味合いで用いられます。

EXCUSE

エクスキューズ

ひと言で表せば「言い訳」です。言い訳というと、マイナスイメージしかありませんが、エクスキューズにはどこか知的な雰囲気が漂うのが不思議なところ。

「なんでこの案件は進捗が遅れているんだ」。上司にそう言われたあなたは、どうして案件が遅れたのか説明を始めました。するとそれが終わらないうちに、上司はおっかない顔になって「言い訳するな!」。職場でストレスがたまる行為についてのアンケートをとれば、間違いなくベスト5には入るであろう「あるある」です。

言い訳は、すなわちことの成り行きを伝えることです。「職場ではホウ(報告)・レン(連絡)・ソウ(相談)を大事にしましょう」なんて言っておきながら、言い訳すると怒られるのは理不尽としか言えません。ですが、それが横行しているのが日本のビジネス界です。

それもこれも、言い訳という言葉にネガティブイメージがつきまとっているせいです。この言葉を使うのがそこで便利に使えるのが「エクスキューズ」。この言葉を使うだけで、「言い訳するな!」と怒鳴られる確率がグンと下がります。

言い訳をするときには「部長、私のエクスキューズといたしましては――」といった具合に始めるようにしましょう。それでも怒られるなら、あなたが本当にマズいことをしたと思って間違いありません。

使用例

部下「エクスキューズといたしましては、先方がお怒りなのは私の寝坊が原因なのです」
上司「つまり、キミが悪いんだな」
部下「……エクスキューズしようもありません」

語源・由来

エクスキューズは「言い訳」「弁解」「口実」を表す英単語。なので、そのまんまなのですが、英語にするというただそれだけで「言い訳感」がだいぶ薄まる便利な言葉。

EXECUTIVE

エグゼクティブ

「とりあえずえらい人」。そう考えておいて間違いはありません。肩書きにつく場合が多いですが、「エグゼクティブ」というだけだと、えらいビジネスパーソンの意味。

「エグゼクティブプロデューサー」「エグゼクティブディレクター」「アカウントエグゼクティブ」などなど。ドヤ感タップリに名刺に書かれた「エグゼクティブ」の文字を見て、「おそらく、えらいってことなんだろうな～」などとなんとなく考えていた、そこのあなた。実はそれ、正解なんです。

「エグゼクティブ」は企業においては「上級管理職」を指し、「高級」「ぜいたく」の意味もあります。エグゼクティブが肩書きにあれば「えらい人」、ものの名前に含まれていれば「すごいもの」。そう考えてしまってよいのです。

「対象とするものと比較して上位にある立場」という意味でも使われます。エグゼクティブプロデューサーは、プロデューサーよりもえらいプロデューサーということです。ゴマスリするなら、エグゼクティブがつくほうにしましょう。

エグゼクティブには「執行する」の意味もあります。執行役員という肩書きがありますが、藻字面が少し怖い感じがします。その点、エグゼクティブにはスマートな雰囲気があります。まあ、どちらが本当におっかないかは、その人次第なんでしょうけど……。

使用例

A「俺はただの平社員じゃない！　エグゼクティブ平社員だ！」
B「えーっと、結局は平社員ってことでいいんだよね？」

語源・由来

「執行する」の意味を持つ動詞「execute」の名詞形です。かつては執行者、処刑者の意味でしたが、時代を経て経営者の意味として広く定着していきました。

EVIDENCE

エビデンス

本来の意味は「証拠」。ビジネスシーンでは一般的に「根拠」「裏付け」の意味で使われます。食品やサプリメント業界で頻発するフレーズです。


ある日、あなたが経営する薬局にサプリメントの営業マンがやってきました。

「これは画期的なダイエットサプリです。なんと1粒飲むだけで10キロも痩せるんです」

その営業マンに対して、あなたは言いました。

「信じられないな。証拠を出せ」

これでは、まるで取調室でおこなわれる刑事と容疑者のやり取りです。スマートさのかけらもありません。

しかしながら、相手に信頼性のあるデータを提示してほしいことは当然あります。そんなときに使えるのが「エビデンス」です。ビジネスシーンでは「根拠」「裏付け」という意味合いで使われます。

あなたが取引先から信頼されたいなら、また、ユーザーに安心して商品を手に取ってもらいたいなら、エビデンスは欠かせません。特に医薬品や食品、サプリメント、化粧品など、体内に入れたり、体に塗ったりするものはエビデンスをおろそかにすると信頼を失うだけでなく、詐欺などの罪に問われてしまいかねません。本当に刑事さんの取り調べを受けることのないよう、くれぐれもご注意を。

使用例

A「根拠があることはわかりました。ですが、エビデンスのない商品は、わが社では扱えませんよ！」
B「エビデンスと根拠って、同じ意味ですけど……」

語源・由来

「証拠」「物証」「証人」の意味を持つ「evidence」から。かつては、「目撃者」の意味を持つ「witness」が「証拠」の意味で使われていたのだとか。

COMMIT

コミット

「物事を完遂する」「責任を持って約束する」の意。「コミットします」と言えば、それは何が何でもやり遂げることを指すので、軽々しくは使えません。

某スポーツジムのテレビCMで一気に広まったビジネス用語です。意味としては「責任をもって物事を最後までやり遂げる」ということになります。

でも、これってビジネスの世界では当たり前のことですよね。1カ月後にバイクを100台納品するという仕事を請け負ったのなら、当然、その約束を守らなければなりません。期日になって「なんか忙しかったんで、とりあえず50台だけ納品しときましたわ〜。残りの50台はまた今度納品しますね〜」では、仕事とは言えません。

では、どのような場合に「コミット」を使えばよいのでしょうか？ 基本的には、自ら非常に高い目標を掲げたときに用いるのが美しい姿と言えるでしょう。自分自身によい意味でのプレッシャーをかけ、それを力に変えてハイレベルな目標を達成する。成し遂げたときはきっとビールが最高においしく感じられるはずです。

ただし、無茶な目標を掲げて結局できませんでしたとなっては、これほど格好悪いことはありません。コミットする際にはそれが本当に可能かどうか、きちんと判断したうえで行うようにしたいものです。

使用例

新入社員「私は全身全霊をかけて、営業本部の新プロジェクトにコミットします！」

上司「いや、キミは経理だから、まずは経理の仕事をやってもらっていいかな」

語源・由来

「かかわる」「関係する」「約束する」を表すcommitを語源とするビジネス用語。約束する際に意志を強調する意味で使われるようになりました。

関連する用語

フィックス

「確定する」という意味で使われるビジネス用語です。プロジェクトやスケジュールで最終決定が下されたものをフィックス版などと呼ぶことがあります。

COMMON SENSE

コモンセンス

英訳すると「常識」。「誰もがそう考えたり、思ったりするであろうこと」の意味です。コモンセンスがない人は、ビジネスでもプライベートでも痛い目にあいます。

わざわざ言うまでもないことですが、ビジネスの世界では「常識」のない人は敬遠されます。どれだけよい大学を出ていようが、多くの資格を持っていようが、名刺交換の際に「〇〇株式会社の山田っス。よろしく～」なんてことでは、「なんだコイツ」と思われてしまうのです。

クリエイティブな業種では時折「常識を打ち破れ」「常識にとらわれるな」などと言われますが、これはあくまで創作物を作るうえでの話。ふだんのやり取りにおいては常識、すなわちコモンセンスは欠かせません。

ビジネス界には外国的な考え方が多く入ってきて、仕事には常にシビアであるべきと思っている人がいます。確かに外国式のビジネス手法には長所がたくさんありますが、日本的なビジネスのやり方が悪いとは言い切れません。利益だけではなく、相手の事情も考慮してときには引いてあげるといった思いやりなど、日本式ビジネスにだってよい面は多くあります。

仕事ですから厳しい決断をしなければならないことはあるでしょうが、ビジネステクニックだけにとらわれず、人としての「コモンセンス」を大事にしたいものです。

使用例

部下「課長の考え方はコモンセンスからかけ離れてますね。ですよね、部長」
部長「上司の悪口を、そのまた上の上司に話すキミこそコモンセンスがないぞ」

語源・由来

英語では「常識」の意味。アリストテレスが提唱した「センスス・コモン」（共通感覚）から生まれました。ちなみに「コモン（Common）」は、英語で「一般的」を表します。

CONSUMER

コンシューマー

「消費者」を表す英単語です。ビジネス用語としては、企業やその道のプロに向けたものではなく、「一般向け」という意味で用いられています。

コンシューマーリサーチ、コンシューマーエレクトロニクスなど、「コンシューマー」がつく言葉は多くありますが、特にゲーム業界ではよく用いられます。ゲーム業界に携わるビジネスパーソンのみならず、ゲーム好きの間でも「コンシューマーゲーム」という言葉が定着しているのです。コンシューマーゲームとは家庭用ゲーム機のこと。ゲームセンターに置いてある大型筐体ではなく、一般層が家庭で楽しめるゲーム機のことです。

少し前、高齢者や富裕層向けの新商品や新サービスを提供する会社が続々と現れましたよね。購買力のある層にターゲットを絞ったビジネスです。これもひとつのやり方でしょうが、やはり一般層に向けた商品やサービスのほうが、ビッグビジネスにつながる可能性は高いのではないでしょうか。

また、ビジネスの世界では常に消費者の求めるものを把握することが必要不可欠です。「コンシューマーリサーチ」(消費者の動向調査)でニーズを知っておくことが、成功のカギとなることは言うまでもありません。本書もコンシューマーリサーチのもと、発行が決まりました。

使用例

部下「コンシューマーのニーズを重視して、3000万円の軽自動車を作ろうと思っています！」
上司「何をどう考えれば、そういう結論になるんだ！」

語源・由来

「消費者」の意味を持つ英単語が由来。「消費者」や「一般向け」という単語はなじみ深いのですが、格好いいと思う人が少なかったのでしょうか、「コンシューマー」は広く普及していきました。

CONTEMPORARY

コンテンポラリー

「コンテンポラリーダンス」「コンテンポラリーアート」などで使われる「コンテンポラリー」には、「現代的」という意味があります。


広告代理店に勤めるAさんは、B社が上げてきた広告のラフデザインを見て、こう言いました。

「うん、いいですね。特にキャッチフレーズが現代的で素晴らしいですよ」

そのとき、B社の担当者は胸の中でクスクスと笑うことでしょう。「いやいや、現代的って言葉が古くさいんだけど」と。では、どんな言葉を使えばいいのでしょうか?「ナウい」? そんな言葉、もうオジサンでも使いませんよ。「イマい」? それ、もはや死語ですらないですから。

この場合の正解は「コンテンポラリー」です。意味は同じく「現代的」なのですが、「コンテンポラリーで素晴らしいですよ」と言えば、相手は「この人、ちゃんとわかっているな」とうれしそうにうなずくはずです。

これからは「これは現代の社会にピッタリだな」と思うものや事柄に遭遇したときは、「コンテンポラリー」を用いるようにしましょう。とはいえ、「コンテンポラリー」という言葉も、数年後には古くさい言葉になっているかもしれません。「あの人、古くさい」と言われないよう、コンテンポラリーなセンスを持ち続けることが大切です。

使用例

C「社長のスピーチはいつ聞いても、コンテンポラリーですね。ぼくにはまったく理解できませんよ」
社長「……それって褒めてるのか?」

語源・由来

由来は、「現代」「今日的」を指すcontemporaryから。反対語としては「永久の」という意味のpermanentがあります。おもに芸術の世界で使われていましたが、いつの日からかビジネス界に進出しました。

SUMMARY

サマリー

物事の要点。特に言いたいことを簡潔にまとめたものを指します。長々とした説明をうまく要約できる人は、頭がいい切れ者と思って、まず間違いありません。

学生時代の朝礼って、校長先生の話がやたら長かったですよね。「〜であるからして」なんて、いつまで経っても終わらない。話は長いくせに、内容は一切頭に残らない。そんな校長先生の長話を通して、私たちは学びました。「話の長さと相手に伝わる情報量は、比例しないのだ」と。

相手に物事の全体像を理解してもらうのに大事なのは、要点をなるべく簡潔に伝えることです。この「要点」をビジネス用語では「サマリー」と言います。先方から「納期までに何ケース納入できますか?」と聞かれたとしましょう。「弊社は今期より新しい生産体制を取っておりまして、昨年比で生産力が65%アップしました。そのことによって――」なんて言っていると、相手はイライラして「で、何ケース納品できるんですか?」となるでしょう。「その納期でしたら、2000ケース可能です」。そう簡潔に伝えられれば、皆の時間を無駄にしないで済みます。

もちろん、細部まで伝えなければならないときは時間をかけて説明することも必要です。相手が要約を欲しているときには、情報を簡潔にまとめることが重要。これが本項で皆さんにお伝えしたいサマリーです。

使用例

「某牛丼屋の『うまい・やすい・はやい』って、本当によくできたサマリーですよね」

語源・由来

「概要」「要約」を意味する英単語から。Webニュースや新聞などで記事の内容を短くまとめてある「見出し」も、サマリーと呼ばれることがあります。

SYNERGY

シナジー

カタカナビジネス用語の代表格とも言える「シナジー」。意味は「相乗効果」。あるものとあるものが組み合わさることで、より大きな効果を生むことです。

どれだけテクノロジーが発達しようが、どれだけイノベーションが起ころうが、ビジネスは人と人との関係によって成り立ちます。そして、人と人との出会いは、ときに大きな力を生み出すことがあります。1＋1が2ではなく、10にも100にもなる。そのような相乗効果を意味するビジネス用語が「シナジー」です。

人には性格があるように、ことビジネス面においても得意・不得意があります。セールスが苦手だけど、財務関係は人の何倍もスピーディーにこなせる人がいれば、こまかいことはうまくできないけど、プロジェクトをどんどん動かす推進力を持った人もいるでしょう。そういう特性の異なる人が出会ったとき、また、同じ特性を持つ者同士が手を結んだとき、予想を上回る成果があがる「シナジー」は、会社はもちろん、その人たちにとっても大きなプラスをもたらしてくれます。

シナジーを生み出せる最適なパートナーが多く見つかれば、あなたのビジネスパーソン人生はより豊かになるでしょう。ちなみにマイナスのシナジーをもたらすこともあるので、その気配を察したら十分に注意してください。

使用例

A「ライター会社である弊社と、消火器を製造する御社が手を組めば、シナジー効果を生み出せますよ！」
B「それってマッチポンプということでは……」

語源・由来

「相乗効果」「共同作用」を指すsynergyが語源。「シナジー」だけで「相乗効果」なので、シナジー効果は「相乗効果効果」になってしまいそうですが、そこはあまり深く考えないようにしましょう。

関連する用語

コラボレーション

「共同作業」や「合作」などの意味で用いられる言葉です。企業やブランド、有名人などが複数集まって共同して手がけた作品などを指します。

STRATEGY

ストラテジー

和訳すると「戦略」となります。戦いを前にして計画を練り、準備をおこない、それをより効率的に運用するプランを立てることを指す言葉です。

戦争映画や戦記ものの小説などでは、よく「戦略」という言葉を聞いたり、見たりします。これは戦争を行うにあたっての総合的、長期的な計画のことです。戦略のことを英語でストラテジーと言い、ビジネスシーンにおいても総合的、長期的な計画という意味で用いられます。

読者の中には、こう思った方もいるのではないでしょうか。「戦略じゃなくて、戦術って言葉もよく耳にするけど、どこがどう違うの?」と。ごくごく簡単にいってしまうと、戦術は局地的な方策のことです。「相手は槍を持っているな。こちらが剣で挑むのは不利だから、弓を使って遠距離から攻撃しよう」。このように、その場で勝利するために練るプランが戦術です。

戦略と戦術は、どちらが優れているとか上とかいうことではありません。物事を総合的に判断して戦略を立てることも、与えられた材料の中で結果を出すこともどちらも重要です。自分は戦略家タイプなのか、あるいは戦術家タイプなのか。どちらの適性がより高いのかをいち早く自覚することができれば、ビジネスという世界で生きる戦士として勝利を得る回数も自然と増えていくはずです。

使用例

「うちの会社の経営陣にはストラテジーのかけらもないな。いつもその場の思いつきばかりで、いい迷惑だよ」

語源・由来

「戦略」「作戦計画」を意味するStrategyから生まれたビジネス用語。一方、その場で対応することを戦術と言いますが、これを臨機応変と言いかえて実は行き当たりばったりな人も多い。

SNOB

スノッブ

「自分をさも知性のある人物に見せようとするが、実際は中身がともなわない人」の意味。どうとらえても悪口なので、誰かに面と向かっていってはいけません。

ビジネスの世界では、相手にナメられてしまうと思うように成果があげられなくなってしまうことが、しばしばあります。ビジネスパーソンの中には、日々新しい情報を仕入れて知識を増やしたり、高価なスーツや時計を身にまとったり、体を鍛えて迫力を出したりと、相手からナメられないようにしている人が少なくありません。その努力や心構えが自信に繋がり、結果、ビジネスを優位に進められるようになるのです。

しかしです。中には努力をせずに手っ取り早く自分をランクの高い人間だとアピールしようとする人もいます。特に多いのが知ったかぶりや、付け焼き刃のウンチクをひけらかす人種。ビジネス用語では「スノッブ」と呼ばれる人たちで、このタイプはナメられる以前に、人としての信用を失ってしまいます。

スノッブには「権威に弱い」という意味を含みます。目上の人にはペコペコするのに、それ以外の相手にはインテリぶって知識をひけらかす。はい、最悪ですね。いわゆる「意識高い系」の中には、意識だけがやたらと高いスノッブな人が結構います。本人は気づいてませんが……。

使用例

A「うちの部長、典型的なスノッブだと思うんだ」
B「そうだね。ところで、新しく買ったこの時計どう？　高かったんだぜ。時計と言えば、やっぱりスイスだよね」
A「お前もスノッブか！」

語源・由来

英単語のsnobより。「気取っている」「上流ぶる」「ニセ紳士」などの意味。近代のイギリスに多く見られたタイプで、そういう人たちの総称となりました。ひと言で言えば「俗物」となります。

SOLUTION

ソリューション

問題を「解決」すること。特に、困っている人を救ってあげられるような解決策を指します。社会に貢献して、それによりお金を得る。ビジネスの王道です。

初老の女性が10キロの荷物が入ったとても重いバッグを抱えて歩いていました。それを見て「重いでしょう、僕が持ちますよ」と手伝ってあげるのは、ひとつの解決方法と言えるでしょう。

とはいえ、これでは1人を救うことしかできません。1人を救うことだって十分に尊い行いすが、どうせ人の役に立つなら大勢の人の役に立ちたいと思うのが人情というものでしょう。

そこであなたは、車輪のついたバッグを作って販売しました。腕力のない女性でも重たい荷物をラクラク運べるそのバッグはバカ売れ。あなたは多くの人を助けることができました。何が問題なのかをきちんと理解し、それを解決する手段を講じる。これこそが「ソリューション」です。

右記の重たいバッグの例はとても単純でしたが、「何かがマズくて問題が起きている。でも、その原因がわからない」という人は大勢います。パソコンの操作がよい例です。ビジネスにパソコンを使っても、そのすべてを理解しているという人はそういないでしょう。「ソリューション」がIT業界で多用されるのもうなずける話です。

使用例

「御社が抱える財務関連問題のソリューションは、どうぞ安心して弊社にお任せください」

語源・由来

解明、解決、またその手段という意味を持つ英単語solutionが由来です。ちなみに「溶解」の意味もあります。難しい問題を、さながら溶かすかのごとく簡単に解決できる人は、ソリューションスキルが高い人と言えます。

TASK

タスク

「仕事」「作業」「課題」などの意味。会社において自分がやらなければいけないことは、経費の精算から打ち上げ会場選びまで、すべて「タスク」と呼ばれます。

なんだか「タスク」という言葉の響きには、上層部から命じられた最重要案件のような雰囲気が感じられます。ですが、実際のところ「タスク」が意味するのは、会社でこなさなければいけない作業というだけです。「与えられたタスクを実行に移す」だと、今からすごいことが起こりそうに聞こえますが、「言われた仕事をする」ことです。なんてことはありません。

「タスク」がビジネス用語として定着したきっかけを作ったのは、Ｗｉｎｄｏｗｓだと言われています。画面の端に表示される、さまざまなメニューを集めた帯状のものを「タスク・バー」といい、このころから「タスク」が広く使われるようになったそうです。

「タスク」は「仕事」「作業」の意味でも使われますが、「任務」を表す言葉でもあります。「任務」と聞くと、ハリウッド映画で屈強な軍人に与えられる無茶な命令が連想されます。決してミスできない感がムンムン漂ってくるではありませんか。そう考えると、「タスク」は仕事の中でも重要度の高いものとして用いるのがベターでしょう。

使用例

部下「あーあ、今日も朝からタスクが多くて困っちゃうよ。うちの会社はホント、人使いが荒いよな」

上司「職場でグチをこぼすことが、キミのタスクなのかね？」

語源・由来

「仕事」「課題」を表す英単語taskから。かつては「税金」という意味で使われていました。税金は英語でtax。taskと響きも字面も似ていますね。仕事と税金、きちんとしないと痛い目にあうという点も共通しています。

TUTORIAL

チュートリアル

「そのくらい知ってるよ。芸人さんの名前でしょ？」。確かにそうなんですが……。ビジネスの世界においては「ていねいな解説」という意味で使われるんですよ。

家電やゲームソフト、ギターといった楽器などなど。いわゆる「モノ」には、取り扱い説明書がついてきますよね。昔は「トリセツ」と読むのがビジネスパーソンらしい言い回しでしたが、現在は「チュートリアル」と呼ぶ場合が多くあります。

ＩＴ社会を迎えたころから、Ｗｅｂサイト上にいきなり現れた言葉のひとつです。ある商品の公式サイトに進むと、突然「チュートリアルに進む」なんて文字が出てきて、当時はたくさんの人々を「チュートリアルって何!? 俺はいったい、どこに進まされるの!?」と困惑させました。

「チュートリアル」のもともとの意味は、家庭教師です。それも、マンツーマンでじっくり教えてくれる人や、その丁寧な教え方を指す言葉でした。それがＩＴが盛んになってからは、マニュアルとほぼ同義語として用いられるようになったのです。

「チュートリアル」は何も文字だけとは限りません。パソコンに不慣れな人のために、メールアドレスの設定の仕方を教えてくれる動画も「チュートリアル」です。本書もまた、ビジネス用語の総合的な「チュートリアル」と言えます。

使用例

上司「わからないことがある？　だったらそのソフトのチュートリアルを確認したまえ」
部下「そうしたいのはやまやまなんですが、まずパソコンの使い方がわからなくてチュートリアルを探してます」

語源・由来

「家庭教師」「個別指導」の意味を持つtutorialが語源。現在では本来の意味で使われることはあまりなく、使用説明書や補助教材といった意味合いで用いられるのが一般的です。

DISCLOSURE

ディスクロージャー

「企業が自社の情報をオープンにする」の意味で使われます。企業は規模と比例して社会的責任が大きくなり、正しい情報の公開を求められるようになります。

昨今、世界的にも有名な日本の一流企業のデータ改ざんが相次いで発覚。また、大企業による粉飾決算も問題視されています。一流企業は当然、事業規模も大きいわけで、それゆえ損失額や負債額は何千億円~何兆円という、とんでもない規模になってしまいました。

皆さんも経験があるかと思いますが、最初はごくごく小さかった嘘がとんでもない悲劇を招いてしまうことがあります。初期の段階で「すいません、あれは嘘だったんです」と知らせておけばかすり傷で済んだはず。ところが時間が経つと言い出せず、致命傷になってしまう。それは人だけではなく、企業にもあてはまるのです。

上場企業では、定期的に決算情報などを公開することが義務付けられています。これは株主をはじめとする利害関係者に情報を提供することで、判断材料を与えるためです。企業が自社の情報を公開する「ディスクロージャー」は、重大な経営ミスや不都合な情報の隠匿を防ぐという意味でユーザーの利益につながりますが、それによって企業は正直でいることができます。つまり、自分たちを守るための手段でもあるのです。

使用例

妻「このキャバクラの名刺は何？　打ち合わせだなんて言って、私に嘘をついたのね。正直にディスクロージャーしなさい」

夫「ご指摘のとおりです。返す言葉もありません」

語源・由来

「主に投資家保護の理由とした情報公開」を表す英単語disclosureから。ディスクローズ（disclose）という言葉があり、こちらは「明らかにすること」「発表すること」「暴露すること」と、ほぼ同じ意味。

TRADE OFF

トレード・オフ

「どちらかを取れば、どちらかを失う」のこと。二者択一を迫られた状態。人生もビジネスも選択。毎回ベストは無理でも、ベターは選び続けたいものです。

プロ野球は試合観戦はもちろんですが、選手の移籍情報もファンの楽しみのひとつです。異なるチームで選手と選手、あるいは選手と金銭を交換することを「トレード」といいます。英語ではtradeと書き、「交換」「取引」という意味です。

「トレード・オフ」はその名称のとおり、トレード（＝取引）がオフ（＝成立しない）の状況にあることです。ひと言で説明するならば「両立できない関係性」となります。ビジネスの世界においては、このトレード・オフが、まあこんなにあるものだなとうんざりするくらい、よく登場してきます。

取引先からは「品質をもっと高めてください」と言われ、会社の上司からは「もっとコストを下げろ」と言われてしまう。これなどは典型的なトレード・オフです。このバランスをうまく取れる人が、すなわちビジネスの世界では成功すると言っても決して過言ではありません。

ちなみに品質とコストの両面で要求に応えられないと、取引先とのトレードがオフになるのはもちろん、あなたの出世の可能性もオフになるので、気をつけて！

使用例

A子「モデル級に美しい私と結婚したいの？」
B子「それとも、専務の娘である私と結婚したいの？」
C太郎「こんなトレード・オフ、残酷すぎる！」

語源・由来

トレード・オフの本来の意味は、「取引」「交換」「貿易」だが、外来語として用いる場合には「片方を得るためにもう片方を犠牲にする」こと。

PERSPECTIVE

パースペクティブ

一般的には「それぞれの立場からの視点」のこと。違う立場に移動する、もしくは移動したことを考えて、その場所から見える光景を意味します。

近年「インスタ映え」なるフレーズをよく聞きます。「インスタグラム」にその写真を掲載すると多くの人から注目を浴びることができそうな、カラフルだったり、ルックスが個性的だったりする食べ物や風景のことです。

インスタにはまったく興味のない人は、「見た目がカラフルだからって何？　大事なのは、味や量や値段でしょ」と思うことでしょう。その逆に、インスタ映えを最優先する中には、味や量や値段などはどうでもいいと思っている人もいるのです。それぞれの思いや立場によって見える光景。それが「パースペクティブ」です。

大衆に向けたビジネスでは、この「パースペクティブ」がとても重要です。自分自身は「あまり便利ではないな」と感じたとしても、別の誰かには有用である可能性があるからです。常に物事を多角的に見られることができれば、ものやサービスの本当の価値がわかるようになるでしょう。自分の視点はズレているかもしれない。そんな疑いを持つことはもちろん、自分の考えを尊重してあげるのも大切。「そんなの難しいよ！」という声が聞こえてきそうですが、そのとおり、ビジネスって難しいものなんです。

使用例

部長「この商品を売るには、タンザニア出身の日本人で、元傭兵にして円周率を1万ケタ暗記している現役メジャーリーガーの妻のパースペクティブを得なければダメだ！」

部下「部長、それは難しすぎます……」

語源・由来

「展望」「見通し」「視野」を表す英単語perspectiveがもととなって生まれた言葉です。絵画の世界では「遠近法」のことを「パース」と言いますが、これはパースペクティブが略されたもの。

BARTER

バーター

テレビでもよく聞く「バーター」には、2つの意味があります。1つは「交換条件」や「物々交換」、そしてもう1つが「抱き合わせ」です。

「人気タレントの○○さんのバーターで出演させてもらってますんで」。バラエティー番組を観ていると、よく聞くフレーズです。「バーター」には2つの意味がありますが、その1つが「抱き合わせ」です。冒頭のケースで言えば、芸能事務所が「人気タレントの○○さん」を出演させる代わりに、その事務所で売りたいと思っている別のタレントを違う番組にキャスティングしてもらうことです。

しかし、在庫を抱えている商品をさばくために、人気商品とセットで販売する「抱き合わせ販売」は、違法にあたる可能性があります。その昔、ドラクエに不人気ソフトをつけて高値で売る業者が大量発生し、問題となりました。

「バーター」のもう1つの使い方が、「交換条件」「物々交換」です。「御社の商品をこれだけ買ってるんですから、バーターでうちの商品も買ってくださいよ」といったやり取りが代表的な例と言えるでしょう。

ビジネスが人間関係で成り立つ以上「貸し借り」は常について回ります。「貸し」が多すぎれば自分が疲れてしまいますし、「借り」ばかりでは信頼を失ってしまいます。ほどよいバランスを心がけましょう。

使用例

「忙しくて手が回らないよ。このあいだ書類整理を付き合ったバーターで助けてくれないか」

語源・由来

「物々交換すること」「物々交換する品物」を意味するbarterから。外来語としては「交換条件」と「抱き合わせ」の両方の意味で用いられるように。

関連する用語

バーター取引

相手に何かを買ってもらうかわりに、こちらも相手から何かを買うこと。ヘタをすると損をする場合もあるので、くれぐれも注意しましょう。

PHASE

フェーズ

「進行中の仕事や作業の段階」を表す言葉。ビジネスだけでなく、さまざまなケースで使われます。「第1フェーズ」「フェーズ2」といったように用います。

「プロジェクトは最終フェーズに入った。もう後戻りはできない」。覚悟を秘めたボスの言葉に、その場にいるメンバーたちがゴクリとノドを鳴らす。アクションやパニックものの映画ではおなじみの光景です。

「フェーズ」は「段階」「局面」の意味をもち、「次のフェーズに移行した」というのは、「次の段階に移行した」ことを意味します。

「第1フェーズ」「フェーズ2」といったように数字をつけることで、その仕事や作業の進捗状況を示す場合も多いです。一般的には数字が増えていくほど、進行度も深くなっていきます。

プロジェクトは規模が大きくなればなるほど、必要な作業の種類や量、かかわる人員が多くなります。各セクションに対して、「来年の4月には全部終わらせておいてね」なんてあいまいなやり方では大きなトラブルを招いてしまう可能性も。それぞれのグループが短中期的な達成目標を定め、段階的にプロジェクト完遂まで導く。フェーズを経て進めていくことによって、関わる人すべての意思統一がなされて、トラブルも迅速に対処できるようになります。

使用例

部下「フェーズ1、課長にミスを報告。フェーズ2、会社帰りに居酒屋でビールを飲む。フェーズ3、イヤなことは寝て忘れる」

課長「私に怒られるというフェーズが抜けてるぞ」

語源・由来

「段階」「時期」の意味を持つ英単語phaseから。外来語としては「段階」で使われるのが一般的ですが、英単語としては「同期運転」「観点」「天体の形状」など、さまざまな意味で用いられます。

FLOW

フロー

「流れ」の意味。何がどのようになって、その結果となったのか。その過程を把握するためには「フロー」を知っておかなければなりません。

何かの「流れ」を表す用語です。その物事のスタートはどこで、どのような変化が生じて（あるいは生じないで）、いかにしてゴールに流れつくのか。それを掴むことがフローを理解するということになります。

「〇〇フロー」という単語の代表的な存在と言えば、やはり「キャッシュフロー」でしょう。投資系の本やサイトはもちろんのこと、テレビのニュースでも当然のように使われていて、「この言葉を知らないのってヤバいのかも……」と不安になった人もいるのでは？

キャッシュフローはキャッシュのフローですから、つまりはお金の流れです。ある期間において、お金がどれだけ入って、どれだけ出ていって、どれだけ残った（＝稼げた）のか。そういった流れ全体を把握することで、数字を知ることはもちろん、良い点、悪い点が浮き彫りになってくるのです。ちなみに一定の期間に入ってくるお金をキャッシュ・イン・フロー、出ていくお金をキャッシュ・アウト・フローと言います。

オーバーフローという用語も、ビジネスシーンではよく登場します。限界を越えてしまったという意味です。

使用例

A「弊社のマンションに投資していただければ、毎月、潤沢なキャッシュ・フローが期待できますよ」
B「投資したいのはやまやまなんですが、妻の買い物がオーバーフローぎみで、それどころではないんですよ」

語源・由来

「流れ」「流量」を意味するflowが語源。流血を英語で言う場合もflowを使う。「流れ」以外では、「満ち溢れる」という意味も。同じキャッシュフローでも、お金が満ち溢れるなら、これほどうれしいことはありません。

MATTER

マター

「担当者」や「担当部署」のことを「マター」と言います。「例の案件って誰マターだったっけ？」といったように、「〇〇マター」と語尾につけて使うのが一般的。

係長「今回の親睦バーベキューは、新入社員の加藤くんマターだったかな」
部下「いやー、バーベキューは再来週ですからね、さすがにまだ肉は買ってないと思いますよ」
係長「……キミ、マターの意味わかってる？」
部下「マター？『まだ』じゃなくて？」

このように「マター」を「お母さん、ご飯まだー？」のノリで受け止めてしまい、職場で恥をかかないようにしたいものです。

「マター」は「担当」の意味。「××商事へのプレゼンは川本マターになりました」「中国との新プロジェクトは第一事業部マターです」というふうに使います。「担当者」「担当部署」と考えておいて間違いはありませんが、多くの場合において「責任者」「裁量権、決定権を持つ者」という意味合いも含まれます。単なる窓口ではなく、その仕事を進めるリーダーでもあると考えておきましょう。

「この新事業は長谷川くん、キミマターだ」と言われたときには、「ふーん、俺が担当ね」なんて軽い気持ちではなく、責任をゆだねられたと思って気を引き締めましょう。

使用例

A「営業も販売も商品開発も夜逃げも顧客対応も銀行との打ち合わせも、全部俺マターだもんな。忙しくて目が回るよ」

B「おい、ひとつだけとんでもないマターが含まれてなかったか？」

語源・由来

もともとは「事柄」「問題」を表すmatterが語源です。「物質」の意味もあり、「ダークマター」は宇宙を形成する謎の暗黒物質のこと。

UTILITY

ユーティリティ

「便利」「都合がいい」という意味。どちらも職場で重宝される存在ですね。とは言え、あまりにも便利で都合がいい人は軽く見られがちなどで要注意。

プロスポーツの世界で時折耳にする「ユーティリティープレーヤー」とは、複数のポジションをこなせる選手のことです。サッカーの公式戦では選手交代の数が限られています。そんなときに頼りになるのが、ユーティリティープレーヤー。フォワードとして点を取ることができて、ディフェンダーとして相手の攻めをシャットアウトできる。そんな「使える」選手がいれば、監督は安心できるでしょう。

それは職場においても同じことです。あるひとつのことを極めた人も戦力になりますが、いろいろなことをこなせる人は重宝されます。「キミのユーティリティーぶりには、いつも助けられているよ」。上司からそんなふうに言ってもらえる器用なビジネスパーソン像は、多くの人が理想とするところだと思います。

しかし、器用貧乏になってしまっては、元も子もありません。あらゆることができるけど、どれも平均水準程度というだけでは、いつしかスペシャリストたちに置いて行かれてしまう可能性も。何かひとつ自分のストロングポイントがあったうえでユーティリティー性を発揮するのが、本当に「使える」ビジネスパーソンではないでしょうか。

使用例

「いつもと違う仕事を頼んでみれば、全然ダメじゃないか。自称・ユーティリティーなビジネスパーソンが聞いてあきれるな」

語源・由来

英単語のUtilityが語源で、もともとの意味は「役に立つ存在」。ここから「便利」「都合がいい」を表すビジネス用語が生まれました。

LIFE HACK

ライフハック

「ふだんの生活をより快適にするための知識」を表します。IT時代初期から使われ始めましたが、近年、特によく見聞きするビジネス用語となりました。

「ハック」というと、他人のパソコンを遠隔操作したり、企業のサイトに侵入してデータを盗み取る「ハッカー」やその行為である「ハッキング」が頭に浮かぶ人が多いかもしれません。「ライフ（＝人生）をハッキングするなんて、とんでもない悪者じゃないか！」なんて思うかもしれませんが、それは誤りです。

そもそも「ハッカー」はコンピューターに関する高度な技術を、創造的な分野をはじめとするよいことに使う人の総称で、悪用する人は「クラッカー」と呼ばれます。つまり、ハックとは技術を善意的に生かすこと。そこから技術を使って人生を豊かにする「ライフハック」という言葉ができました。

では、「ライフハック」とは具体的にどういったものなのか。試しにYouTubeなどの動画サイトで検索してみてください。どうでしょうか。「よくぞ、こんなことを思いついたな」と、思わず感心してしまう豆知識がたくさん紹介されていますよね。ですが、それが万人に広まれば大きな社会貢献となり、ビッグビジネスにもなり得るのです。

使用例

A「すごいライフハックを思いついたよ。なんと、米ぬかでフローリングを磨くと、ピカピカになるんだ！」

B「それ、おばあちゃんの知恵袋だよ。しかもみんなが知ってるやつだから」

語源・由来

人生を意味するlifeと、コンピューター技術を善意的に使うhackが合わさってできた外来語。アメリカのライターであるダニー・オブライエンによって考案されたとされています。

RELATIONSHIP

リレーションシップ

「企業とユーザー間に成立する信頼関係」のことです。人は信頼できない相手にはお金を使いませんから、企業側にしてみれば信頼関係の構築は死活問題です。

「商品ではなく、自分自身を売れ」。セールス業界ではよく耳にするフレーズですよね。相手に自分を気に入ってもらえれば、おのずと商品も買ってもらえるようになるという格言です。裏を返せば、「苦手だとと思う相手からはものを買いたくない」という人が多くいるということになります。「こいつの営業成績を上げたくないな」とでも思ってしまうのでしょうか、どれだけ商品が優れていても、その人からは決して商品を買おうとしないのです。

それは企業も同じこと。「この会社から買いたい」と思ってくれるユーザーは、リピーターとして定着する可能性が高くなります。そのために企業が大事にしているのが「リレーションシップ」。企業とユーザーの信頼関係です。

信頼関係を築くためには、いくつかの方法があります。優れた商品の開発、アフターサービス、クレーム対応などなど。これらをユーザー目線から、親身になっておこなっていくことで、客ではなくファンを獲得していくのです。「あなたの会社の商品を買って、本当によかったです」。そう喜んでもらえるようなビジネスは経済的、精神的の両面で、大きな利益をもたらしてくれます。

使用例

A「おたくの会社の座椅子はすごく座り心地がいいって、年老いた母がとっても喜んでいるのよ」
B「ありがとうございます！ これからも良好なリレーションシップを築けるように努力いたします！」

語源・由来

relationshipの本来の意味は「人間関係」。ビジネス用語としては、主に「顧客と企業を結ぶ信頼関係」という意味で使われるようになりました。

RESUME

レジュメ

ひと言で表すならば「要点をまとめたメモ」のことです。大事なことを書き残すことを「メモする」なんていうのは、もはや時代遅れの表現なのです。

皆さんはセミナーというものに参加したことがありますでしょうか。ビジネスマナー、セールス術、不動産投資などなど。この世には多くのセミナーが存在し、自分を高めようという向上心を持った人や、資産を増やしたいと将来設計を考えている人が参加しています。

こういったセミナーでは、会場にいくと席に資料が用意されています。その日のセミナーの概要を簡潔にまとめたものです。このようなものを「レジュメ」といいます。

レジュメが登場するのはセミナーだけではありません。大学の講義や、著名人を招いての講演などにも必ずと言っていいほど用意されています。

レジュメを作る際に重要視すべきは、何を伝えたいのかを聴衆者にわかりやすく見せることです。長々と文章を書いたのでは、理解するのに時間がかかってしまいます。写真やグラフ、キャッチコピーなどを盛り込んで、パッと見でわかってもらえることを心がけましょう。

レジュメには「履歴書」という意味もあります。特に外資系企業ではこの意味で使われることが多くありますので、覚えておくとよいでしょう。

使用例

上司「武田くん、今日の15時までに明後日の打ち合わせに使うレジュメを用意しておいてくれ」
部下「お任せください！（なんて言ったけど、どうしよう、まだ1文字もできてないよ……）」

語源・由来

「要約」「概要」を意味するフランス語resumeを語源とする外来語です。「要点をまとめたメモ」という以外にも「論文の要約」の意味でも使われてきました。

RESPONSE

レスポンス

物事に対しての「反応」を意味するビジネス用語です。レスポンスが早い人は、それだけでもビジネスパーソンとしての評価が高まります。

あなたがセールスに出向いた際、先方の担当者がこう言ってきました。

「予算は200万円とのことですが、できれば160万円でお願いしたいのですが、いかがでしょうか?」

このとき「とりあえず会社に戻って上司に相談します」なんて言わず、その場でスマホを取り出して会社に電話。上司に相談して「160万円で大丈夫です!」と、時間をかけずに返答できる人が、レスポンスが早い人ということになります。レスポンスが早ければ早いほど、ビジネスチャンスを掴みやすいというのは、言うまでもないでしょう。

もちろん、なんでもかんでもすぐにレスポンスを返さなければならないということはありません。自分で決めかねることは、きちんと上司に報告する必要があります。自分の裁量権を超えてゴーサインを出すと、後々、大問題に発展する可能性もあるのです。

部下を抱えている人は、彼らからの相談やお願いをなるべく早くレスポンスできるようにしたいもの。「課長のレスポンスが悪いせいで、せっかくの営業がムダになったよ」。そう思われてしまうと、部下の信頼を失いますよ。

使用例

A「○○株式会社の後藤さんって、レスポンスが遅くて困るよな」
B「相手が美人のときだけは、レスポンスが異常に早いらしいぞ」

語源・由来

「応答」「対応」「操作に対する反応」などを表すresponseから生まれた言葉です。ちなみにリスポンスと呼ばれることもあるそうですが、少なくともビジネス用語としては「レスポンス」が一般的です。

ROYALTY

ロイヤルティー

「ロイヤルティー」には、2つの意味があります。1つは「特許や著作権の権利者に払われる使用料」で、もう1つは「忠誠心」。まったく意味が異なります。

一緒に本屋を訪れた友人が、平積みになっているベストセラー作家の本を見て言いました。

「印税って、寝てても入ってくるんだよな。いいなー、俺もそういう生活をしてみたいよ」。

あなたもウンウンとうなずきます。作家や漫画家は売れっ子になると、印税だけで年間ウン億円という巨額な富が舞い込んできます。無論、それまでの努力が実った結果なのですが、月給で働くサラリーマンには、うらやましく思えるのも事実です。

著作権や特許の権利者は、誰かがそれを使用するたびにお金が入ってくるようになっています。これが「ロイヤルティー」です。もしかしたら「ロイヤリティー」という呼称のほうがなじみ深いかもしれません。

「ロイヤルティー」は忠誠心という意味でも用いられます。「カスタマー(顧客)・ロイヤルティー」という言葉があり、顧客の企業に対する好意を表します。顧客満足度と言ったほうがしっくりくるでしょうか。これが高ければ高いほど、その顧客は企業を愛してくれるということで、商品やサービスを購入してくれる可能性が高まります。

使用例

社長「カスタマー・ロイヤルティーを高めるために、もっともっと働こう!」

平社員「でも、いくら働いても俺らにはロイヤルティーは発生しないからなぁ……」

語源・由来

著作権などの使用料を意味するほうはroyalty、忠誠心のほうはloyaltyが語源です。発音も意味も違うのに同じ「ロイヤルティー」となったのは、日本人が「R」と「L」の発音が苦手だからとも考えられます。

関連する用語

ロイヤルティー・フリー

著作権などの使用料がかからないこと。完全に無料のこともあれば、最初にお金を払えば使い放題といった場合もある。

第1章 おさらいテスト

第1章で登場したビジネス用語のおさらいをしましょう。
答えられなかった問題は、該当ページに戻って確認を！

第1問

次の用語と意味の組み合わせのうち誤っているものを選び、記号で答えなさい。

ア エグゼクティブ 〈意味〉上級管理職
イ ライフハック 〈意味〉ふだんの生活をより快適にするための知識
ウ トレード・オフ 〈意味〉事前の予測・評価
エ コモンセンス 〈意味〉常識

解答欄

第2問

次の会話文の（1）～（3）に入る用語の組み合わせのうち正しいものを選び、記号で答えなさい。

課長「この報告書、記載もれがあるぞ！」
社員「はい。じつはその部分は、課長（　1　）です」
課長「……そうだな。悪かった。私が記載しておくよ」

取引先「例の見積もりの（　２　）をいただいていませんが？」
社員「申し訳ありません。部内で会議中のため、今しばらくお待ち願います」
妻「最近、帰りが遅いわね。忙しいの？」
社員「うん。決算前で（　３　）が山積みになっちゃって……」

ア　(1) フェーズ　(2) アジェンダ　(3) タスク
イ　(1) マター　(2) レスポンス　(3) タスク
ウ　(1) マター　(2) レスポンス　(3) フェーズ

解答欄

第3問　次の文章の―線部の使い方として正しいほうを選び、記号で答えなさい。

(1) **ア**　社内ネットワークが故障したので、チュートリアルを確認している。
イ　海外事業部との連携で、販売実績をチュートリアルした。

解答欄

(2) **ア**　会社の機密情報は、管理を徹底してディスクロージャーすべきだ。
イ　3月になると、各社が決算情報をディスクロージャーする。

解答欄

正解は次のページにあります。

COLUMN

わりとよく聞く？ ビジネス用語

「これの**ソース**って何？」

➡ この情報の出所はどこ？

「この企画には売れるための**ギミック**が必要だ」

➡ この企画には売れるための仕掛けが必要だ

「そんなやり方だと、彼らを**スポイル**することになるよ」

➡ そんなやり方だと、彼らをダメにしてしまうよ

「もっと社員の間で**ダイアローグ**が必要だね」

➡ もっと社員の間で対話が必要だね

「この間の商品だけど、どうも**レピュテーション**が悪いようだ」

➡ この間の商品だけど、どうも評判が悪いようだ

正解　第1問　ウ　第2問　イ　第3問（1）ア（2）イ

第2章

使いこなしたい
ビジネス用語

ARCHITECTURE

アーキテクチャー

「構造」「設計されたもの」という意味で、IT業界や建築業界ではやたらと多用されている感のある言葉です。この機会に知っておきましょう。

当然のことですが、人間が作るものはそれで何をするかという目的に沿って作られています（彫刻などのアートは、その限りではありませんが）。例えば屋根は、家の中やそこで暮らす人が雨で濡れないようにするためのものですし、高層マンションは限られた土地により多くの人が住めるようにと生まれたアイディアです。

「アーキテクチャー」は「どのような目的で、それを作ったのか」という設計思想を指す言葉でした。それが現在では「構造」を意味する言葉としても使われるようになっています。IT業界における「アーキテクチャー」は、主に基本構造を表す言葉です。建築業界では、建物自体を指す言葉としても用いられます。早い話、目的を持って作られたもの全部が「アーキテクチャー」と考えておけば、まず間違いないでしょう。

ある目的を持って作られたものに欠陥が生じた場合、構造＝「アーキテクチャー」に問題があると考えられます。もちろん外部要因が関連するケースもあるでしょうが、まずは「アーキテクチャーになんらかの不備があるのではないか」と確認するのが妥当です。

使用例

A「さすがは世界的な建築家が設計したビルだ。アーキテクチャーの美しさにほれぼれするな」
B「それ、全然別のビルだぞ」

語源・由来

「構造」「構成」の意味を持つarchitectureから。もともとは建築業界の言葉だったが、「コンピューターの構造」としてIT業界に広まりました。

OUTSOURCING

アウトソーシング

「仕事を社外の組織や個人に振ること」を意味します。外部に振る仕事は、その企業が苦手としている分野か、利益的においしくないものであることが多いようです。

人に長所と短所があるように、企業にも得意な分野と不得意な分野があります。不得意とする理由は、その分野に関するノウハウがなかったり、こなせる人材がいなかったりとさまざまでしょう。いずれにしても仕事を引き受けた以上は、クライアントが満足するレベルで完遂しなければなりません。

かといって、その仕事を自社だけでおこなうのは難しいケースもあります。体育会系のムキムキマッチョしかいない会社が女性用下着PRの仕事を受けたとして、まさか彼らがそれを着て「この下着、買ってほしいっス！」なんて人前に立つわけにもいきませんよね。そんなときには「アウトソーシング」、つまり他社に仕事を振るのが有力な選択肢の1つとなります。

かといって、やったことのない仕事をすべてアウトソーシングしていては、会社もそこに勤める人も成長できません。ときにチャレンジスピリットを発揮しつつ、どう考えても達成困難な仕事や、コストパフォーマンスが悪いと判断した仕事は、他社に投げるのもアリ。そのぶん得意な分野でガンガン稼げればよいのです。

使用例

A「俺って営業がめちゃくちゃ苦手だろ。だから他社にアウトソーシングしておいたよ」
B「お前、営業部の人間じゃないか！」

語源・由来

「外部」の意味を持つoutと、「資源を利用する」を表すsourcingが合わさってできた外来語。バブル経済崩壊後の1990年代前半から、盛んに使われるようになりました。

OUTLINE

アウトライン

「事柄のあらまし」を指す言葉です。「このプロジェクトのアウトラインを教えてくれないか」と言われたら、大まかな概要を簡潔に説明しましょう。

ビジネスでは「時と場合」をきっちりと読む能力が必要不可欠です。時間のあまり取れない相手に対して、長々と説明をするのは得策とはいえません。また、「詳細は後で構わないから」と言われているのに、こと細かに説明するのは親切ではなく、かえって迷惑になってしまいます。

「アウトライン」とは、「事の概要」のこと。ごくごく端的に言うと、「あらすじ」のことです。

「桃太郎って、どんな話だったっけ?」。飲み会の席でそう聞かれたときに、あなたならどう答えますか。「桃から生まれた少年が、イヌ、サル、キジを連れて鬼退治をする話だよ」とまあ、こんな感じかと思います。まさか「むか〜しむかし、あるところに……」と話し始める人はいませんよね。相手は桃太郎のすべてが知りたいと言っているのではありません。どんな話なのかを大まかに知りたいだけですから、説明は必要最低限であるべきです。

アウトラインには「外郭」という意味があります。頼りがいのあるビジネスパーソンに思われたいときには、背中や肩の筋肉を鍛えるとアウトラインがたくましくなって、「頼りになりそう感」が出ます。

使用例

後輩「先輩、このプロジェクトのアウトラインを教えてください」

先輩「ああ、そのプロジェクトは△△物産の部長の機嫌をそこねたらアウトだ。そのラインを絶対守ってくれよ」

後輩「先輩……まさかアウトラインの意味を知らないんじゃ……」

語源・由来

英単語outlineが語源。意味は「輪郭」「外郭」の意味で、そこから「事のあらすじ、大要」として用いられるようになりました。

ASSIGN

アサイン

「人員を振り分けること」「そのチームに加わること」「人材を確保すること」など、さまざまな意味で用いられるので、正しく使い分けられるようにしましょう。

「アサイン」はあらゆる業界で使われるビジネス用語です。それだけ使い勝手がよいのでしょうが、実は複数の意味がありえます。お互いに「アサイン」を使っておきながら、別の意味だった。そんなことも十分にあり得ますので、これを機に理解を深めておきましょう。

まず1つめの意味は、「人員を割り振ること」です。ある事業のためのチームを10人集めるとして、そのメンバーをどのように構成するのか。「彼はカリスマ性があるからリーダーにして、彼女はコミュニケーション能力が高いから取引先との窓口になってもらおう」といった具合です。人材を適材適所に配置することができるか、日本代表チームの監督のような醍醐味がある一方で、それだけ責任も大きくなります。

2つめの意味は「参加すること」。コンサルタントが「アサインする」といえば、そのチームに加わってくることを意味します。

3つめは「人材の確保」。「優秀なシステムエンジニアを20人アサインできた」といったときには、その人数を確保できたことを表します。

使用例

A「皆よろこべ、来週の合コン、モデル級の美人を4人アサインしたぞ！」

語源・由来

「割り当てる」「あてがう」「任命する」などを表すassignが由来。「仕事を予定の中に組み込む」ことも意味します。

ASSESSMENT

アセスメント

「前もって予測すること、また、評価すること」の意味。「転ばぬ先の杖」のことわざがあるように、ビジネスの世界でもあらかじめ先を見越しておくことが大事。

就活生の面接をする際、担当者に求められるのは、目の前にいる入社希望者が将来、会社の発展に貢献してくれる人材であるかどうかを見極めることです。

「ただ単に優秀だから」というだけではありません。「うちの会社は今、営業力が弱まっているから、営業の適正がありそうな新人を取ろう」とか「中国進出の計画があるから、中国語ができる彼女は役立つだろうな」など。会社の未来を考慮に入れて、入社希望者を評価する必要があるのです。

これを「人材アセスメント」といいます。当然、自分たちで設けた一定の評価基準を満たす者が対象となります。

ビジネスを進めるうえでも「アセスメント」は必要不可欠です。大規模な土地開発をおこなう際には、その工事によって周囲の環境にどのような影響を与えるのか事前に予測を立てて評価する。何か問題がありそうな部分はあらかじめ修正をしておく。こういった「環境アセスメント」は、エコの観点からも、また、企業が果たす社会的な責任の観点からも、欠かせないものと言えます。行き当たりばったりでは、ビジネスがうまくいくはずもないのです。

使用例

「こんな楽観的な考えでどうする。これは会社の将来を左右する大きな案件なんだ。徹底的にアセスメントをしたまえ！」

語源・由来

「評価」「査定」の意味を持つassessmentから。企業ならどこでも、前もってよけいなリスクを回避したいもの。「事前におこなう評価、査定」を表すビジネス用語として広まったのは、それも大きかったでしょう。

ATTEND

アテンド

「アテンド」はひと言で言うと「接待」になります。ビジネスが人と人との関係で成り立っている以上、これからアテンドがなくなることはないでしょう。

「○○くん、今夜、クライアントをアテンドするから同行したまえ」。「アテンド」の意味を知らない人からすると、「うわ～、なんだか格好いいビジネスが展開するんだろうな」と思うかもしれません。ですが、なんてことはありません。「アテンド」は「接待」のこと。つまり「クライアントを接待する」というだけのことなのです。

「接待」というと、酒の席でひたすらゴマをすったり、ゴルフではわざと負けて相手の機嫌を取ったりといったイメージがあります。一方「アテンド」には、頭をへいこらと下げるようなイメージはありません。「アテンド」という言葉が広く普及したのは、カタカナ語にするだけでスタイリッシュになるからかもしれません。

「アテンド」には「立ち合う」の意味もあります。「PRイベントアテンド」と言えば、商品のPRイベントに立ち合うことを意味します。

また、「同行」としても使われます。「ニューヨーク支社から来たマイケルさんが浅草へ行きたいらしいのでアテンドします」と言えば、マイケルさんに同行して案内をすることです。

使用例

A「今夜は○○貿易の部長相手にアテンド麻雀だよ。まいったなー、前のアテンド麻雀でも大負けしたからなー」
B「アテンドの使い方、あってるような、間違ってるような……」

語源・由来

「世話をすること」「接待をすること」の意味で使われるattendが語源です。「年老いた母親をアテンドする」と言えば「介護する」ことを指します。

ALLIANCE

アライアンス

「仲間になること」「協力関係を結ぶこと」。つまりは「手を組む」というのが「アライアンス」の意味。優秀なパートナー作りはビジネス成功に欠かせません。

「なんでも自分1人でやろうとするな!」。上司からこのように叱られた経験がある人は多いのではないでしょうか。人は1人では生きていけません。外食1つとっても、材料となる野菜を育てたり魚を獲ったりする人、それら食材を運ぶ人、調理する人、そしてそれを売る人がいて、ようやく私たちは食事にありつけるわけです。

ビジネスも一緒。1人では大きな成果を上げることはできません。パートナーを作ったり、チームを結成する——すなわち「アライアンス」することによって、ビジネスの規模は何倍、何十倍と大きくなっていきます。

ビジネスの世界は言わずもがな、弱肉強食の世界です。企業もビジネスパーソンも、常にし烈な競争にさらされています。とはいえ、ある事業を進めるためには競争相手と協力する必要も出てくるでしょう。また、まったく異なる業種の企業同士で同盟関係を結ぶことによって、新しいビジネスを展開することも可能です。「1人だけで、あるいは自分たちの会社だけでがんばってみせる」。その心意気には敬意を表しますが、ときには昨日の敵を今日の友とする柔軟性も、ビジネスには重要だと思いませんか?

使用例

A「知ってるか、業界シェア2位の○○社と3位の△△社がアライアンスを組むそうだ。シェアトップのうちの会社もうかうかしていられないぞ」

語源・由来

「同盟」を表すallianceを語源とする外来語です。ビジネスの世界においては、「パートナーシップの構築」「企業間の同盟を結ぶ」という意味で使われています。

関連する用語

M&A

Mergers & Acquisitionsの頭文字を取った言葉。複数の企業が1つの企業になる「合併」や、ある企業が別の企業を「買収」することを表します。

INITIATIVE

イニシアチブ

「主導権」を表す言葉です。ビジネスの世界だけでなく、日常の会話でもよく登場するおなじみのフレーズ。え？　知らない？　それは少しマズいかも……。

あなたは上司からあるプロジェクトのリーダーに任命されました。入社以来、初めて任された大きな仕事にあなたは燃えています。そのプロジェクトの最初のミーティングで、あなたがまずすべきことは何だと思いますか？　リーダーとして皆にあいさつする？ チーム全体の意思統一をはかる？ それらも確かに重要ですが、まずは主導権を握ることが大切です。「このプロジェクトのかじ取りはこの私がやる」。それを発言や行動をもって皆に示すのです。

自分が中心となって物事を動かす権利である主導権＝「イニシアチブ」を握っていることは、言わばリーダーの証です。いくら肩書き上のリーダーであっても、イニシアチブを別の誰かが持っていれば、それは真の意味でのリーダーとは言えません。

イニシアチブを取ることは、相応の責任を抱えることでもあります。チームのメンバーに「あれをやれ、これをやれ」と命令をしておきながら自分は何もしなかったり、責任を回避するようでは、信頼を失うことにつながります。「この案件は私がイニシアチブを握ろう」と決めたなら、それなりの覚悟が必要です。

使用例

上司「例の案件、キミにイニシアチブを取ってもらいたいんだ」

部下「私にはまだ無理ですよ」

上司「そんな弱気だと、いつまで経っても成長できないぞ」

語源・由来

「事業を計画する、発案する」の意味を持つ動詞initiateの名詞形。「率先」を表す単語であり、イニシアチブを握ることは自分が率先して仕事に打ち込むことも意味します。

INCUBATION

インキュベーション

「インキュベーション」とは、新人起業家を、経営指南、金銭面での補助、人材の紹介などのあらゆる面においてサポートし、育成することです。

現在では、サラリーマン経験ゼロで学生のうちに起業する若者も少なくありません。ハーバード大学在学中に「Facebook」を立ち上げたマーク・ザッカーバーグら学生起業家の成功が、彼らを後押ししているのでしょう。

では、起業すれば必ず成功するかと言えば、もちろんそんなことはありません。一説によれば、わずか1年で半数近くが廃業に追い込まれており、20年後、30年後にも残っている企業はほんの一部とのこと。

かといって、新しいチャレンジがなくなっては社会が停滞してしまいます。そこで助けとなるのが「インキュベーション」。資金援助、顧客の紹介、施設を相場より安く提供するなど、新人起業家をあらゆる面でサポートするシステムです。

「インキュベーション」は自治体や行政がおこなう場合と、民間企業や投資機関がおこなう場合とがあります。起業を目指す人は、「インキュベーション」の力を借りることを考えてみてはいかがでしょうか。成功の可能性が高まるかもしれません。もちろん、最優先で考えるべきは、起業するビジネスの内容なんですけどね。

使用例

「資金ほぼゼロからの起業だったけど、インキュベーションのおかげでなんとか軌道に乗りそうだよ」

語源・由来

incubationのそもそもの意味は「卵をふ化させること」「保育」など。新人起業家という名の卵を世話してあげて、自分の翼で空を飛べる鳥にしてあげるのが、インキュベーションの役割。

INTEGRATION

インテグレーション

「統一性のない複数の物をまとめること」を「インテグレーション」と言います。早い話が「バラバラなものをいい感じのセットにすること」です。

インテリア雑誌などを読んでいますと、時折、「統一感を大切に」といった旨のフレーズを目にします。家全体、あるいは部屋に統一感があると、その空間は美しく見えます。畳敷きの和室で、壁紙はショッキングピンク、小物はモロッコ風で、カーテンはイタリアからの直輸入、家具は籐でできた東南アジア製。といったような統一感のない部屋を好む人はいるでしょうが、それはあくまで少数派かと思います。多くの人は「映画に出てくるような南フランス風の部屋」といったコンセプトに沿って、きれいにまとまった部屋を好むはずです。

統一性のない複数のものを、1つにまとめることを「インテグレーション」といいます。ばらばらになっているものをいい感じにまとめるのですから、当然、その物事の効率性は高まります。

「○○インテグレーション」と、頭に他の言葉がついて使われることが多く、例えば「ワークライフ・インテグレーション」もその1つ。ワーク（仕事）とライフ（私生活）を、互いに充実するようにまとめて、生産性を高めようという働き方のスタイルです。

使用例

社長「わが社では、営業部も販売部も開発部も総務部もすべてインテグレーションすることにした」
社員（本当にうまくまとまればいいけど……）

語源・由来

語源であるintegrationには、「分離している教化や教材などを統合して教えること」「融合させること」の意味があり、そのことからビジネス界では「いい感じでまとめること」を指すようになりました。

AUTHENTIC

オーセンティック

「本物」「確実」「信頼できる」。「オーセンティック」には、多くのビジネスパーソンたちが「人からそう見られたい！」と思う意味があります。

「あいつは本物だ」「彼女は信頼できる」。世の中にほめ言葉は数多くありますが、その中でも右記のフレーズは人から言われると特にうれしい言葉ではないでしょうか。

「オーセンティック」は、「信頼できる、本格派、正統派」という意味。特にファッション業界でよく用いられているビジネス用語です。「オーセンティックなホテル」と言えば、本格的、伝統的なホテルのこと。その格式の高さ、サービスの充実度、そして歴史から、長い間愛されてきた、王道のホテルと言えます。

デキるビジネスマンの必須アイテムとして、今も昔も挙げられるのが腕時計です。近年では「Apple Watch」をはじめとするスマートウォッチが注目を集めていますが、高級腕時計も依然として人気があります。

時計好きに言わせると、「時計は2種類しかない。パテック・フィリップとそれ以外だ」なのだとか。高いものは1000万円をゆうに超えるパテック・フィリップは、まさしく「オーセンティック」。値段もさることながら、この時計をつけるにふさわしい人物になることは、今も昔もビジネスパーソンの憧れです。

使用例

A「キミのスーツはいつもヨレヨレでみすぼらしいな。オーセンティックな英国紳士スタイルを着こなしている専務のように、きちんとしてきたまえ」

語源・由来

「本物の」「信頼できる」「確実な」といった意味を持つ英単語authenticを由来とします。「着こなしが本格的」を指す場合もあります。

COUNTERPART

カウンターパート

「カウンター」は「片方」、「パート」は「部分」で「片方の部分」を指します。すなわち、ビジネスにおいて取り引きや交渉、共同作業をする相手のこと。

「○○さんはカウンターパートとして最適な人ですね」というのは、誉め言葉です。「確かに昔は牛丼屋のパートとしてカウンターに立っていましたが、今は同社の商品開発の正社員としてがんばっていきたいと思います！」なんて、口をとんがらせて言わないように。相手は「は、はぁ……」と困惑してしまいますから。

「カウンターパート」は、早い話がビジネスパートナーのことです。ただのパートナーではありません。取引、交渉、共同作業などをおこなうのに最適な人を意味します。

ビジネスでは相手との信頼関係が欠かせません。交渉相手がいい加減な人では、仮に交渉をこちらの有利に進められたとしても、安心して仕事ができないでしょう。逆に交渉術に長けたシビアな相手でも、信頼の置ける人であれば、その人とは今後も仕事を一緒にしていきたいと考えるのが普通なのではないでしょうか。

1つ注意してほしいのが、カウンターパートは対等な関係であること。自分より格上の人を「カウンターパート」扱いするのは、失礼にあたってしまいます。

使用例

A「Bさんはボクにとって最高のカウンターパートですよ」

B「ありがとうございます。ところで、例の案件ですが」

A「もしかしてBさんはボクのこと、カウンターパートと思ってないんですか!?」

語源・由来

「2つのうちの片方」「立場が対等な相手」を指すcounterpartから。ビジネスパートナーの意味以外にも、「コピーした文書」を表す場合もあります。

GRAND DESIGN

グランドデザイン

社員やグループが事前に決めた計画を進めることで、ビジネスは進んでいきます。そのような計画の中でも特に大規模なものが「グランドデザイン」です。

「キミはわが社のグランドデザインについて、何か考えていることはあるかね」。食事会の席で、部長が真顔で聞いてきました。「ナイター設備が整っているのが理想ですね。あとは野球だけじゃなく、テニスやサッカーも――」。それはグランドじゃなくてグラウンドデザインですから! 部長さんに怒られる前にツッコんでおきました。

「グランドデザイン」は「計画」の意味。ただの計画ではありません。スケールの大きな計画のことです。

ビジネスや個々の社員や部、課といったグループが事前に決めた計画を進めることで成り立っています。計画は短期、中期、長期の3つに分けることがありますが、いうなれば「グランドデザイン」は超長期計画のこと。「50年後のわが社の目指す理想像」「急成長している東南アジア諸国と日本の100年後の関係性」といった、とんでもなく壮大なプランのことです。

いち社員にはまるで関係のない場合が多いですが、成功している人の多くはスケールの大きなビジョンを常に持っているのも事実。日々の仕事が忙しいのはわかりますが、視野は広く持っていたいものです。

使用例

部長「100年後には私が社長になって、うちの会社を環境エネルギーのシェアで世界トップにする。それが私のグランドデザインだ」
部下「部長、何歳まで生きるつもりですか……」

語源・由来

壮大な「図案」「設計」、また「長期的におこなわれる大規模な計画」を意味するgrand designから。2017年9月には、都市整備局が「都市づくりのグランドデザイン」を発表しました。

CONSENSUS

コンセンサス

「複数の人の意見の一致」もしくは「複数の人の合意」のこと。「コンセンサス」は取るのが難しく、でも、これがないと何も進まないやっかいなもの。

全員一致で賛成を得る。これをぶっつけ本番で会議をおこなったとしても、まずうまくはいかないでしょう。人にはそれぞれ意見があり、皆が「イエス!」で一致することなど、そうそうないからです。

しかし、何か案件を進める際には上司からよくこう言われますよね。「例の案件を始める前に、関係部署のトップ全員のコンセンサスを取っておけよ」と。「コンセンサス」は「合意」「意見の一致」のことをいいます。

相手の同意を得るために大切なのは、事前に話を通しておくこと。そう、俗にいう「根回し」です。相手が社内の人間であれば、それほど難しいことはないでしょう。問題は他社の人間がいるときです。仮にその他社に多少なりデメリットがある場合には、相手はそう簡単に同意はしてくれません。

では、どうすればいいのか。そこが交渉術の腕の見せ所です。「同意していただけるのであれば、お願いしている別の案件の予算をあげますよ」といったように見返りを提示することによって、「コンセンサス」を得られる可能性が高まります。

使用例

部長「この案件は制作部のコンセンサスを取っておけと言ったじゃないか。なんで取ってないんだ」
部下「制作部には部長が話を通しておくとおっしゃっていたものですから」
部長「……そうだったっけ。ゴメン」

語源・由来

「合意」「意見の一致」を意味するconsensusを由来とするカタカナ語。ビジネスシーンでは「同意」「了承」の意味として、わりと昔から使われてきました。

関連する用語

コンセンサス・ポリティックス

利害関係者同士の対立を調整したり、反対者を説得したりといったことを通じてコンセンサスを拡大する政治手法。

COMPETENCY

コンピテンシー

「アイツって、デキるやつだよな」と、社の内外を問わず一目置かれる優秀な人物の行動のこと。うまくマネすれば、アナタも今日からデキるヤツ……かも。

玩具メーカーで営業をしているAさんは、いつも苦い思いをしていました。同僚のBさんは自分と同じ仕事をしているのに、彼のほうが終えるのが早く、しかも成績もよいのです。「ボクとアイツでは一体何が違うんだ……」。Aさんは深くため息をつきました。

読者の皆さんの中にも、似たような経験をしたことがある人、もしくは現在進行形でしている人もいるでしょう。デキる人が、なぜデキるのか。理由は簡単。仕事がうまく行くように行動しているからです。「高い業績を達成し続ける人に共通して見られる行動特性」を「コンピテンシー」と呼びます。これだと小難しいので、「優秀な人の動き方のパターン」と覚えておいてください。

「コンピテンシー」を多く持っている人は、それだけその分野における優秀な人材であると言えます。就職活動の際、SPIテストを受けた方は多いと思いますが、この試験によって「コンピテンシー」を計ることができます。その数値が高いほど「優秀な人の行動パターンを持った人材」ということで、企業側は採用か不採用かの1つの判断基準としています。

使用例

OLさんA「山田くんってデキる男だよね、鼻毛出てるけど」

OLさんB「コンピテンシーレベルが高いって評判だもん、鼻毛出てるけど」

山田「褒められてるのか、けなされてるのかわからない！」

語源・由来

「目的のために成果を達成する能力」を指す英単語competencyが語源。もともとはアメリカの人事評価のやり方で、アメリカ国防総省もチーム編成の際に用いています。

COMPLIANCE

コンプライアンス

「法令遵守」という言葉がありますが、これは法律をきちんと守ることです。「コンプライアンス」は企業が法令遵守することを表すビジネス用語です。

「私は法律を守ります!」

誰かがそう高らかに宣言したとして、あなたはどうしますか。「ふーん、で?」となりますよね。だって、法律を守るのは当然のことなんですから。

ところがです。一時期、複数の有名企業が「わが社はコンプライアンスを徹底します!」と、大々的に発表したことがあります。「コンプライアンス」とは法令遵守、すなわち法律を守ることです。

人と同じく、企業が法律を守るのは当たり前です。なのに、なぜわざわざ発表したのか。「そりゃ、法律違反をしていたんだろう」と思う人は多いでしょう。確かに超一流企業でも粉飾決算をしたり、データを改ざんしたり、社員に過酷な労働を強いたりと、不祥事が頻発しました。

「コンプライアンス」には、「わが社は法律違反の不祥事を2度と起こさない、クリーンな会社になりました」と世間にアピールするためのものという意味合いもあるのです。

ブラック企業の悪評はネットを通じて一瞬で広まり、海外進出にあたってクリーンさを求められる昨今、コンプライアンスの重要性は日増しに高まっています。

使用例

社長「わが社はコンプライアンスを徹底し、社員のサービス残業は月に1000時間までとします!」

社員「うちの社長はブラックすぎて、コンプライアンスの意味がわからなくなってる!」

語源・由来

「法令遵守」の意味を持つcomplianceを語源とするカタカナ語。薬を指示通りにのむことを表す「服用遵守」の意味もある。とにかく「ルールは守れ!」ということ。

SUSTAINABILITY

サスティナビリティ

「持続可能性」の意味。企業が「サスティナビリティ」を用いる場合、それは経済だけでなく社会、環境面などでも貢献を持続できるかということ。

企業はその規模が大きくなればなるほど、利益だけを追求することが許されない雰囲気になってきます。多くの人々から「こんなに儲かってるんだから、もっと世の中に貢献しなさいよ」という目で見られるようになるからです。

もちろん企業もそれはわかっていて、「工場で使うエネルギーの一部を太陽光発電にしました」「地球環境の改善運動に取り組んでいます」といったように、「社会貢献していますよ」とアピールしています。

しかし、一度言い出したからには、すぐにやめるわけにはいきません。大々的にエコをうたっておきながら翌年には環境破壊しまくりでは、企業イメージが著しく下がってしまうことでしょう。「サスティナビリティ」は「持続可能性」のこと。企業の場合は、「社会貢献を続けられるか」の意味になります。

企業は常に「サスティナビリティ」を求められます。儲かれば何をしてもいい。そんな時代はとっくの昔に過ぎているのです。多少なりとも「サスティナビリティ」を求める声が小さくなるとすれば、その企業の業績が急激に悪化したときでしょう。皮肉な話です。

使用例

「確かにキミのプランのほうが利益は上がるだろう。だが、サステナビリティに欠ける。これでは一部上場企業としての責任を果たしているとは言えないぞ」

語源・由来

「持続可能性」の意味を持つ英単語sustainabilityが語源。「サステナビリティ」と表記されることもありますが、同じ意味です。軍事では戦闘を継続する「継戦能力」としても使われます。

SCHEME

スキーム

「仕組み」を意味する「スキーム」は、ビジネス用語の中でも、使用頻度の高さはトップクラス。知らなかったというアナタ、ちょっとヤバいかもですよ。

「できるだけラクして、たくさんのお金を稼ぎたい」。ビジネスパーソンの99%が、そう思っていることでしょう。では、ラクして大金を稼ぐには、どうすればよいでしょうか。「その答えを知らないから、毎日会社へ行って仕事をがんばってるんでしょうが!」。そんな声が聞こえてきますね、それも大量に。

ビジネス本を読みますと、よく「自分でスキームを作ればサラリーマンより労力が少なくて、収入を増やすことができる」といったようなことが書かれています。「スキーム」の意味は「仕組み」。つまり、仕組みを作れば稼げるというのです。

アパートの大家さんは「スキーム」で稼ぐ好例です。アパートを用意して、そこに住人が入れば、それだけで毎月家賃が入ってきます。寝ていようが、遊びに出かけていようが、必ず定期収入がある。まさにラクして稼ぐためには、「スキーム」を作ることが適しているのが、おわかりいただけると思います。使い方としては「認証スキーム」「課金スキーム」といったように、頭にその仕組みにあたる単語を置くのが一般的です。

使用例

副社長「画期的な認証スキームが完成しました。これでわが社は赤字経営から脱却できそうです!」

社長「それを売る営業スキームのレベルアップも同時におこなわなければならないな」

語源・由来

「計画」「企画」「仕組み」を意味するschemeから生まれたビジネス用語。アメリカでは「スキーム」というと、「陰謀」などの意味でも使われるようなので、海外で用いる際には注意が必要です。

STAKEHOLDERS

ステークホルダー

ざっくり言うと「利害関係者」のこと。その企業の収益や企業価値が増減することによって、得をすることもあれば、損をすることもある人たちです。

企業には複数の人が関わっています。社長をはじめ、社員、そして社員の家族、下請け、取引先などなど。これらの人々は、もしも企業が倒産したら、どうなるでしょうか。そう、すごく困りますよね。

社長は手塩にかけて育てた会社を失い、社員は失職してしまいます。当然、給料は入ってきませんから、家族の生活もそれまでと同じというわけにはいかないでしょう。下請けや取引先の中には、もらえるはずだったお金がもらえなくなる会社も出てきます。最悪の場合、連鎖倒産に追い込まれるかもしれません。

彼らは皆、「ステークホルダー」と呼ばれます。企業の「利害関係者」で、すなわち倒産すると困ってしまう人たちです。株主も「ステークホルダー」の一種。企業の利益や企業価値が高まれば儲けが出て、下がれば逆に損してしまいます。もしも倒産なんてことになれば、株は何の価値も持たないゴミになってしまうのです。

2008年に起きたリーマンショックでは、「ステークホルダー」はもちろん、世界経済の混乱さえ招きました。大企業であればあるほど、倒産の影響もまた大きいのです。

使用例

夫「あの時計、格好いいな。ねえ、ボーナスも出たことだし、買ってもいいでしょ」
妻「ステークホルダーとしてお答えします。ダメ。以上です」

語源・由来

「賭け金」を表すstakeと、「保有者」を表すholderが合わさってできたビジネス用語です。「利害関係者」を意味し、その中には人だけでなく地域などが含まれることも。

ZERO SUM

ゼロサム

「合計するとプラスマイナスゼロになること」の意味。A社が100万円の利益を出したとき、B社が100万円の損失を出す状態を指します。

ビジネスの世界は、食うか食われるか。弱肉強食の厳しい世界です。利益を出し続ける企業はどんどん成長していきますが、利益を出せない企業はやせ細っていき、最後には倒産してしまいます。

購買層はいつだって有限ですから、各企業はその限られたお金を奪い合うわけです。当然、儲ける企業と損する企業が出てきます。この状態を「ゼロサム」といいます。一方が儲ければ、一方が損をする。ビジネスの本質を表すフレーズと言えるでしょう。

「ゼロサムゲーム」なる言葉を聞いたことはありませんか？　参加した全員の利益と損失を足すと、ぴったりゼロになることです。例えば、スーパーでキャンディーの袋詰め放題をおこなっていたとします。キャンディーの数は1000個限定です。これなどは典型的なゼロサムゲームと言えるでしょう。もし、あなたが200個のキャンディーをゲットしたら、残りは800個。これを大人数で奪い合うわけですから、後から参加した人や、人を押しのけるのが苦手な性格の人は、ちょっとしかキャンディーをゲットできません。ビジネスもそれと同じです。

使用例

「どれだけ多くのパイを見込めるジャンルであろうと、ビジネスはゼロサムだ。気を抜いていると、あっという間に他社に出し抜かれるぞ！」

語源・由来

英語ではzero-sum。zeroは数字の「0（ゼロ）」、sumは「合計」の意味です。つまり、誰かがプラスになれば誰かがマイナスになり、全てを合計するとゼロになるということ。

TERM

ターム

「期間」のことです。「わざわざ『ターム』とか言わず、誰でも知っている『期間』を使えばいいのに」と思っている方、それは野暮ってものですよ。

ある日、あなたは部長に呼ばれました。

部長「フレキシブルな対応力はキミの長所だが、大きなプロジェクトはもっと長いタームで考えたまえ」。

あなた（……タームって何）

「ターム」の意味がわからないあなたは、とりあえず「ありがとうございました」と頭を下げ、「対応力を褒められたのだから、細かいことは別にいいか」と、「ターム」のことはすっかり忘れてしまいました。これはとてももったいないことです。なぜなら部長は、とてもためになることを言ってくれたのですから。

「ターム」とは「期間」のこと。つまり部長は、大きなプロジェクトは長い期間で考えなさいとアドバイスをしてくれたのです。「ターム」の使い方は、「期間」とまるっきり同じ。「納品までのタームは何カ月いただけますでしょうか」といった具合です。

「ターム」には「学術用語」の意味もあり、「テクニカルターム」は、もっぱらある業種、業界だけでしか使われない専門的な用語です。他業種の人に使いすぎると間違いなくウザがられますので、くれぐれもご注意を。

使用例

八百屋さん「お客さん、ターム限定でキュウリの安売りだよ。ターム限定、早い者勝ちだよー」
主婦A「あの八百屋の二代目、昔は外資系商社に勤務してたらしいわよ」
主婦B「どおりでターム、タームって」

語源・由来

「期間」「期限」を表す英単語termから。「学術用語」の意味もありますが、ビジネスシーンでは用いられることがあまりなく、多くの場合において「期間」の意味で使われます。

DIVERSITY

ダイバーシティー

「ダイバーシティー」が意味するのは「個性」です。物事の考え方や価値観、何が好きなのかなどは、人によって違います。だからこそ、貴重なものなのです。

「ダイバーシティーって、お台場のことだと思ってたよ。ワハハハ」。ひところ、やたらと流行したギャグです。それを愛想笑いで受けながら、多くの人がこう考えてもいたはずです。「えっ、お台場のことじゃないの。じゃあ、一体何？　わからないけど、この空気じゃ絶対聞けない」と。

でも、そんなときは聞いてしまってもよいのです。なんでも知っている人なんて、この世にはいません。皆が知っていることを知らないあなたでも、きっと皆が知らないことを知っているはず。それがあなたの個性です。そしてその個性こそが、「ダイバーシティー」です。

あなたがあるプロジェクトのメンバー選びを任されたとしたら、どのような人選をしますか？　別のタイプの人間を集めるのではないでしょうか。頭の切れる参謀役、雰囲気を盛り上げるムードメーカー、体力自慢のタフネスなど。さまざまな個性がそろっているチームを「ダイバーシティーのあるチーム」などと呼びます。

多様な個性が集まる企業やチームは、発想や対応が柔軟になるというメリットがあります。グローバル化が進む昨今、ビジネスはダイバーシティーなしでは語れません。

使用例

妻「今夜のメニューは、ジャガイモ、豚肉、はんぺん、冷凍餃子、梅干し、納豆が入ったダイバーシティーなカレーよ」

夫「それって残り物を全部ぶち込んだだけじゃ……」

語源・由来

語源となったdiversityには、「多様性」「相違点」といった意味があります。ここから人種、性別、国籍、年齢などを問わずに優秀な人材を加え、活用することを「ダイバーシティー」と呼ぶようになりました。

CHANNEL

チャネル

「目標や希望を達成するための手がかり」のことで、わかりやすく言うと「コネ」のことです。これがあるとないとで、ビジネスの難易度が大きく異なります。

一部の大企業では、コネ入社の採用枠が決まっているとまことしやかに言われています。特にテレビ局や広告代理店といった派手で給料も高い企業は、コネ入社による採用人数が他に比べてかなり多いとか。

これはあくまでもウワサの範疇を出ませんが、テレビ局や広告代理店には、有名芸能人やスポーツ選手の子どもや親戚が多く在籍していて、やはりコネ入社が多いのかもしれないなと思わされることもしばしばです。

コネにはマイナスイメージがつきまといますが、同じ意味である「チャネル」を用いると、あら不思議、悪いイメージがなくなってしまいます。というのも、「チャネル」はコネとほぼ同義ではありますが、他方、自ら構築した「つて」の意味でも用いられるからでしょう。

名刺を配ったり、交流会に参加したりといった地道な努力によって、「チャネル」は広がっていきます。「チャネル」が多ければ多いほど、ビジネスチャンスをたくさん掴めるのは言わずもがな。いろいろな人とお付き合いしてみましょう。もちろん彼女がいるのに二股、三股とか、そういう話じゃありませんからね！

使用例

A「営業二課のあの美人、〇〇大学出身なんだって？　お前の母校じゃないか。チャネルがあるなら、紹介してくれよ」

B「チャネルがあれば、俺がとっくにデートに誘ってるよ」

語源・由来

「川底」「水の通り道」を表す英単語channelが語源。テレビのチャンネルも意味し、この場合は電波の経路を指します。ここから「経路」「コネ」「つて」として用いられるようになりました。

DE FACTO STANDARD

デファクトスタンダード

「他がそれに合わせなければならなくなり、結果として標準規格になった商品」を表す言葉。「デファクト」には「事実上の」という意味があります。

ある秋の日曜日、あなたが所属するマーケティング部は親睦のためのバーベキュー大会を開催することになりました。買い出しで訪れたスーパーで、あなたが牛肉と豚肉を買おうとすると、同僚Aがそれを止めました。

「なんでそんなの買ってるんだ？　バーベキューのメインと言えば、魚肉ソーセージに決まってるじゃないか」

冗談だと思ったら、Aは真顔です。それどころか他の同僚たちも「やっぱ魚肉ソーセージだよね」「バーベキューで牛肉とか豚肉とかナイでしょ」「魚肉ソーセージ一択！」と、Aを支持するではありませんか。その日以降も、バーベキューがおこなわれるときは、メイン食材が魚肉ソーセージとなりました。

これが「デファクトスタンダード」。法律など社会のルールで決められたのではないのに、事実上、それが標準規格となってしまうことを指す言葉です。Windowsは代表的な「デファクトスタンダード」と言えます。誰に強制されたのでもなく、皆が使うことによって標準規格と同等の存在となり、多くの会社がWindowsに合わせた商品を作るようになったからです。

使用例

B子「理想の結婚相手って、性格悪くて、お金使いが荒くて、将来設計も何もない男性がのデファクトスタンダードになってきてるよね」

C子「そんなこと思ってるの、あなただけだと思う……」

語源・由来

de factoはラテン語で「事実上の」という意味。standardは英語で「標準」を表します。そこから、「公的な認可を受けていないが、市場の評価や知名度などによって、標準規格として広く認知されている商品」を意味するように。

DEFAULT

デフォルト

ニュースでよく使われる単語なので、耳にしたことのある人は多いのでは？　意味は「初期状態」「打つ手がなくお手上げ状態」などさまざま。

「デフォルト」には、いろいろな意味がありますが、その多くが関わらないで済むのならそうしたいと思わせるものばかりです。

例えば経済で「デフォルト」というと、「債務不履行」を指します。逆さに振っても、もう何も出ない状態です。2009年、ギリシャでは政権交代をきっかけに、国が公表してきた財政状態が大嘘であることが発覚。実際の赤字はばく大な金額で、ギリシャ国債が大暴落しました。EUまでを巻き込んでの財政危機に陥ったギリシャは、2012年にデフォルトを起こすことになったのです。ギリシャ以外にもアルゼンチン、ウクライナ、ドミニカ、エクアドルなどもデフォルトを経験しています。

「デフォルト」にはもう1つ代表的な意味があり、それが「初期状態」です。パソコンなどが突然動かなくなり、社内の詳しい人間に聞くと、「うーん、これはデフォルトするしかありませんね」と言われたら、それは出荷状態に戻せということ。経済でもパソコンでも「デフォルト」には常に備えをしておきましょう。おっと、この原稿もバックアップしないと。

使用例

A「年を取ったせいか、毎日、肩も腰も重い感じがしてかなわないよ。あーあ、体をデフォルトできたらいいのにな」
B「その前に運動したほうがいいと思うぞ」

語源・由来

「不履行」「怠慢」「欠席」など、マイナスイメージの意味ばかりを持つdefaultが由来。ネット上で盛んに使われる「デフォ」には「基本」の意味があります。

関連する用語

デフォルトリスク

貸付先や投資先の財務状況が悪化することによって、元利の回収が遅れたり、資産価値が減少してしまうリスクのこと。

DEVELOPMENT

デベロップメント

「すでにあるものよりも、よりすぐれたものを作ること」です。建物など物理的なものだけでなく、状況、環境などにおいても用いられます。

海外へ行くと、旧市街と新市街が共存している都市があります。道路が整備され、高層ビルが並び、高級ブランド店が並ぶ新市街は魅力的です。一方、小さいけれど安くておいしいレストランや、昔ながらの市場、子どもたちが路地裏を駆け回る旧市街も趣があるものです。

国土の狭い日本では、旧市街と新市街が共存することは決して多いとはいえません。都市開発などを理由として古いビルや懐かしさ漂う家が壊され、更地になった土地に高層ビルが建ち並ぶ。建物の耐用年数や耐震性、防火性などを考慮すれば仕方のないことなのかもしれませんが、少しさびしい気がしないでもないですよね。

もちろんこれは、古いものを破壊するのが目的ではありません。これまでよりもよいものを作る「デベロップメント」が目的です。建築業界ではもっぱら開発や建築の意味で用いられており、IT業界ではソフトフェア開発を表す言葉として使われています。

人間関係においても「デベロップメント」は重要です。いつまでも同じ場所でぬくぬくとせず、新たな世界へと飛び込む勇気が未来を切り開くはずです。

使用例

部下「ぼくが社長になったら、旧態依然としたこの会社をデベロップしてみせますよ！」

係長「若い者は威勢があっていいな。でも、社長を目指すんだったら、まずは遅刻癖を直しなさい」

語源・由来

developmentの意味は、「発展」「進展」「土地や住宅の開発、造成」など。そこから、より新しいものを構築するという意味のビジネス用語として定着しました。

PATENT

パテント

「パテント」は「特許」のこと。あなたが何か画期的な発明をしたときは、必ず「パテント」を取りましょう。大儲けだって夢ではありません。

上司「働いても働いても安月給。パテントでも持ってればもっと生活がラクになるのにな」
あなた「よかったら、ボクのを貸しますよ」
上司「えっ、パテントって貸せるの？」
あなた「問題ないと思いますけどね。家族のキャンプでしか使ってませんし」
上司「いや、それってお前……」

なんて、恥をかく前にきちんと覚えておきましょう。「パテント」は「特許」の意味です。では、特許はどういう意味か、把握していますか。特許は、「発明したものの権利を独占すること」を指します。その権利を「特許権」といいます。

大ヒット商品の「パテント」を握っていると、使用許可を出すだけで、後は勝手にお金が入ってきます。ラクして稼ぐ「スキーム」が完成するのです。

パテントの有無はパッと見ではわかりませんが、中にはわかるものもあります。創作物の著作権を表す「コピーライト」の©、商品名やロゴマークを守るための商標を表す「トレードマーク」のTMが代表例です。

使用例

A「カレーのすごくうまい食べ方を発明したぞ。なんと上にトンカツを乗せるんだ。よーし、パテントを取って大儲けするぞ」
B「たぶん、ムリだと思います」

語源・由来

「特許」「特許品」「特許証」などのを表す英単語patentを由来としています。外来語としては「特許」「特許権」を意味するのが一般的です。

VISIONARY

ビジョナリー

「将来の見通しを持っている人」のこと。数年後、数十年後にはこうなるだろうと確信を持ち、それを信じて突き進む開拓者たちを指す言葉です。

ビジネス界に、いえ、この社会に大きな変革をもたらした人は、ある日突然、それができたわけではありません。もう何年、何十年も前から「未来はこうなる」という予測を立てたり、「こういうものを作れば世の中が変わる!」という確信を抱いたりして、将来、最もウケる商品やサービスを提供するため、開発を続けてきたのです。

「将来の見通しを持っている人」のことを「ビジョナリー」と言います。スティーブ・ジョブズや孫正義などは、代表的なビジョナリーと言えるでしょう。

かの織田信長もビジョナリーの1人。「これからは絶対鉄砲の時代が来る」と考えて鉄砲を大量に所有。さらに「鉄砲を一斉に発射すると、次に射つまでの時間に攻め込まれるから、三回に分けて発射しよう」と、未来を予想しまくりの的中しまくりで、天下統一へとぐぐっと近づきました。

特に起業を考えているビジネスパーソンには、ビジョナリーの適性が求められます。ですが、自分の未来予測を信じて突き進むのは大きな賭け。実際は単なる妄想に過ぎなかったなんてことがあるのも事実です。

使用例

A「キミにはビジョナリーを感じる。ぜひ、投資をさせてくれないか」

B「いえ、ボクは別になーんにも考えてないですよねー」

A「ってことはつまり、私にビジョナリーがなかったということか……」

語源・由来

visionaryは「ビジョンが明らかな人」「洞察力のある人」「預言者」などを意味する外来語。ビジネスシーンでは、「人や企業にビジョンがあること」として使われることが多い。

BIG DATA

ビッグデータ

「ビッグデータか。まさか、大きなデータという意味じゃないよな」。いいえ、そのまさかです。めちゃめちゃ膨大な量のデータのことです。

「ビッグデータ」をいかに有効に活用するか。ＩＴ業界の各社ではその戦略を今日も練り続けています。「ビッグデータ」は読んで字のごとく、大きなデータのことです。それも超がつく膨大な量のデータです。

では、ビッグなデータの中身は具体的にどのようなものなのか。実は定義は結構あいまいです。なぜか。各企業によって集めるネタが違うからです。その中でも多いのが、ネットへのアクセス情報、顧客の個人情報、Ｗｅｂ上の文章や画像、通信ログといったところですので、このようなデータが最低でも１０００ギガ（＝１ペタ）以上はあることと考えておけば、とりあえずはよいでしょう。

ビッグデータを解析すると、いろいろなものが見えてきます。データが多いのですから、当然ですよね。あなたが女の子を紹介されるとき、事前データが多ければ多いほど、相手がどんな子なのかイメージを掴みやすいのと同じです。

コンピューターの処理能力、そしてクラウドで扱える情報量はこれからも向上するのは間違いありません。当然、ビッグデータの量も増大していくでしょう。これをどう扱うかが、ビジネスパーソンの腕の見せ所です。

使用例

専務「社長、わが社もビッグデータを活用しましょう」
社長「おお、そうだな、なんでも大きいことはいいことだ。ワハハ」

語源・由来

「膨大かつさまざまな種類の複雑な情報」を表すbig dataが語源。情報は常に変化し、リアルタイムでその内容も変わっていきます。

FEEDBACK

フィードバック

「ユーザーからの要望やクレーム、仕事の結果を関係者に伝えること」をいいます。よいフィードバックは大歓迎ですが、悪いフィードバックは……。

商品やサービスは、提供する前に不備がないかをよくチェックするのが普通です。「これならお客さんに喜んで使ってもらえる」と確信を持って、世に送り出します。ですが、メーカーや開発者の思惑と、ユーザーの感想が一致するとは限りません。

例えば、A社は従来よりものを冷やすスピードが圧倒的に早い冷蔵庫を作りました。購入してくれたユーザーからは「ビールがすぐ冷えるから助かっている」という声がありましたが、中には「冷やす力が強すぎて、野菜がすぐに凍ってしまう」という意見も。喜びの声やクレームといったユーザーからの情報を、関係者に戻すことを「フィードバック」と呼びます。

ユーザーからの情報は、当然、次の商品開発の参考にします。皆が皆、100%喜ぶ商品やサービスなど、この世にはありません。ですが「フィードバック」をし、それを活かすことによって、顧客満足度を100%に近づけることが大きな利益につながるのです。

販売数など結果を戻すこともフィードバック。悪い結果は聞きたくありませんが、それを聞くのも仕事です。

使用例

A「課長、クレームが来たのでフィードバックします」
B「こちらからも苦情のフィードバックをします」
C「売れ行きは最悪です。結果をフィードバックします」
課長「いいフィードバックは1つもないのか！」

語源・由来

feedbackから。もともとは、制御工学の基本技術を指す言葉でした。結果を原因側に戻すことによって、原因側を調節すること。また、電気回路においては、出力による入力の自動調整機能。

関連する用語

モンスタークレーマー

商品やサービスに対して、常識では考えられない理不尽なクレームをつけてくる人たちのこと。

FIXES

フィックス

「決定」の意味です。かつては「フィックスって何だよ、『決定』と言えば誰でもわかるのに」なんて言われてましたが、しっかり定着したようです。

会議の席などで、よく耳にするビジネス用語です。
「では、高さ500メートルの超高層タワーマンションの建設地は、当初の予定どおり港区でフィックスする」といったように使います。

昔は「フィックス」と「ファックス」を間違えて、「すいません、どこにファックスすればいいですか」なんて聞く人もちらほらといたようです。さすがに今はいませんよね。「もちろん、だって今はファックスなんてそうそう使わないし」。いえいえ、そういう意味じゃなくて「フィックス」はビジネス用語の中でも特に使用頻度が多いので、ちゃんと覚えておいてくださいねということです。

「フィックス」はビジネスのあらゆるシーンで使われます。
「プレゼンの時間は明日午後2時でフィックスですね」
「広告案はパターン1でフィックスとさせてください」
「明日の打ち合わせ次第では、先方からのフィックスをいただけそうです」

などなど、よく使います。1つ気をつけてほしいのが、「フィックス」は後でひっくり返る可能性があること。まあ、ビジネスシーンの「あるある」ではありますが。

使用例

A「明日のデートだけど、ランチは流行のフレンチ、その後テーマパークで遊んで、夜は夜景のキレイなホテルの寿司屋。スケジュールはこれでフィックスしていいかな？」

B「デートそのものを断るということで、フィックスしたはずですけど」

語源・由来

英単語のfixから。そもそもの意味は「固定」「定着」でしたが、ビジネスシーンでは「決定」を表す言葉として使われるようになりました。

PRIORITY

プライオリティー

おもに「優先順位」のこと。大事なものから順番にランクをつけていくことです。これがうまくできない人は、残業や休日出勤が増えるはめになります。

大部分のビジネスパーソンは、複数の仕事を並行しておこなっています。例えばあなたが、次の４つの仕事を抱えていたとしましょう。「こちらのミスによる取引先への謝罪」「来年の社員旅行のアンケート集め」「2年後をゴールとした長期プロジェクト」「半年後に納期を迎える商品の品質チェック」。さて、どれから手をつけますか。

「当然、社員旅行のアンケート集めでしょ。だって、社員旅行はみんな楽しみにしてるし」。気持ちはわかります。わかりますが、アウト！　最優先すべきは取引先への謝罪です。仕事を多く抱えたときには、考えなしに取りかかったり、ラクそうなものからやったりすると、後で自分が苦労します。しっかりと「プライオリティー」をつけ、計画にのっとってこなしていくことにしましょう。

「プライオリティー」のもう1つの意味が、「優先権」です。テーマパークへ行きますと、そんな名前のチケットがあってそれを持つ人は優先的にアトラクションを楽しめるシステムが、わかりやすい例ですね。権利を主張するのであれば、当然、根拠が必要です。でなければ、ただのワガママになってしまいますよ。

使用例

「タスクにプライオリティーをつけるのはもちろん大切なことだが、ときにはやりたい仕事から取りかかってみると新しい発見があるかもしれないぞ」

語源・由来

「優先順位」「優先権」「先取特権」などを指すpriorityという英単語から生まれた言葉です。カタカナ語としては、物事の優先順位、優先権のどちらかの意味で使われるのが一般的。

FRAMEWORK

フレームワーク

「標準的なビジネス思考」「枠組み」を表します。コンサルタント業界やIT業界でよく使われ、政治の世界でもたびたび用いられます。

「フレームワーク」には大きく2つの意味があります。1つが「標準的なビジネス思考」です。ビジネス書などによく登場してくるのが、「重要度」「緊急度」の2つの軸で作られた座標で、「どの仕事を優先するべきか」を明確にするもの。87ページで紹介した「プライオリティー」がハッキリとわかりやすくなるよう、可視化したマトリクスのことですね。

その他にもさまざまな種類の「フレームワーク」がありますが、本によっては真逆のことが書いてあります。そんなとき「俺はいったいどうしたらいいんだ」なんて、おどおどしないように。自分に合いそうで、使いやすいものを使えばいい。ただそれだけです。

賢者に知恵を借りるのは大切なことですが、いつも他人の枠組みにはまってばかりでは、いつまで経ってもあなた自身の「フレームワーク」が固まりませんよ。

もう1つの意味が「枠組み」です。71ページの「スキーム」とほぼ同義語だと思ってもらって、間違いありません。IT業界で使う場合には、アプリを作る際の雛形として機能するソフトウェアを指すことが多いようです。

使用例

A「新しい仕事を任されたときには、たくさんのフレームワークを使って、どう進めるかを分析するんだ」

B「だから、いつも仕事に取りかかるのが遅いんだな……」

語源・由来

語源はframework。「枠組み」「骨組み」「組織」「体制」の意味で、ここから「ビジネスをスムーズに動かすための枠組み」を表す言葉として広く普及。

PROPER

プロパー

「プロパー」は「生粋」の意味。例えばプロパー社員と言えば、生粋の社員、すなわち入社以来ずっとその会社で働く生え抜き社員のことです。

「○○選手は高校卒業後すぐに入団した生え抜き選手ですからね、FA権を行使しないよう、年俸は大幅アップとなるのではないでしょうか」

プロ野球のオフシーズンを迎えると、スポーツニュースでこのようなコメントをたびたび耳にします。この「生え抜き」を意味するビジネス用語が「プロパー」です。

なぜスポーツの世界ではプロパーであることが重要視されるのでしょうか。選手個人を応援するファンはもちろん存在しますが、多くの人はチームそのものを応援しているからです。自分の愛するチームだけで成長した選手は、ファンにとってわが子のように思えるからでしょう。

企業でも同じことが言えます。まだ何も知らないド新人のころからときに叱り、ときに励まし、成長を見守ってきた社員と、中途入社してきた社員とでは、やはりプロパー社員のほうを愛しいと思うのかもしれません。

プロパー価格という言葉があり、この場合は「定価」を表します。店頭で定価割れ販売されるのがつらく感じるのは、生え抜き価格を踏みにじられているから……というより、単に利益が減るのが苦しいからでしょう。

使用例

社長「私はプロパーがかわいくて仕方ないんだ。昔は何もできなかったのに、少しずつ成長していく姿がたまらない。専務、キミもそう思うだろ?」

専務「すみません、私、中途入社ですので……」

語源・由来

「生え抜き」「その分野の専門」「自社製品を売り込む販売員」「正価」「定価」など、多くの意味を持つproperから生まれたビジネス用語です。現在では「生え抜き」の意味で使われることが多いようです。

VENDOR

ベンダー

ひと言で言えば「販売店」。もう少し格好よく言うと、「ものを売るプロフェッショナル集団」となります。どちらかお好きな意味で使ってください。

「やった、ついにできたぞ！」。あなたは長年の研究開発の末、「めちゃくちゃ持ちやすいスプーン」の開発に成功しました。持っているだけで思わずニンマリしてしまうほどの、絶妙なフィット感。発売すれば爆発的ヒットは間違いありません。

そこであなたはさっそく専門店をオープンしました。ですが、あなたの家は山の奥深く。そもそも人が通りません。ならばネットで販売だと試してみましたが、他店の宣伝にうもれて、誰もあなたのスプーンを販売するサイトまでたどりつけません。「せっかく最高の発明をしたのに売ることすらできないなんて。いったい、どうすればいいんだ」。

そんなときに頼りになるのが「ベンダー」です。「販売店」「ものを売るプロフェッショナル集団」のこと。販売経路を持つ彼らに売ることをアウトソーシングすることで、スプーンは多くの人の目に留まるようになり、あなたの元には売上金が入ってくるようになります。

「ベンディングマシン」という言葉があり、あたかも販売専門のスーパーロボットのように思えますが、実は何てことはありません。自動販売機のことです。

使用例

「わが社の強みはハイレベルなシステム開発だ。セールスはベンダーに任せて、得意分野をさらに強化していくぞ」

語源・由来

「売り主」「売り手」「販売会社」などを表すvendorから。かつては「ベンダー」と言えばOA機器やソフトウェアの販売会社を指しましたが、現在では販売会社全般を指します。

BENCHMARK

ベンチマーク

「判断基準」「優良企業の長所を基準として、自社の経営を改善する」の意味。いずれにせよ、「ベンチマークといえば基準」と考えて問題ありません。

人生は判断の連続です。小学生ではサッカーと野球どちらで遊ぶか判断し、大学生ではどの会社の就職試験を受けようか判断する。晴れてビジネスパーソンになったら？　そこからは判断の日々の始まりです。営業部長と宣伝部長のどちらを上座にすればよいか、歴史のある会社と急成長している会社のどちらと付き合うべきか、などなど。大小さまざまなことを判断し続けなければなりません。

多くの人は自分自身の判断を100％正しいと確信できるほど、強くはありません。何か判断材料はないのかと、すがれるものを欲しています。それこそが「ベンチマーク」です。物事の「判断基準」を指すビジネス用語です。

例えば、日経平均株価は投資の世界では「指標」としても扱われる典型的なベンチマーク。ある企業の株価の上下動が日経平均株価とほぼ同じだった場合、日経平均株価があなたに判断材料をもたらすベンチマークとなります。

「ベンチマーク」には、「優良企業をお手本とする」という意味もあります。経営が順調な企業のやり方をトレースすれば、きっと成功できるはず。ベタな作戦ですが、有効だからこそベタになったとも考えられます。

使用例

社長「A社をベンチマークにしたら、業績が下がってしまったではないか！　この責任を誰に取らせればいいと思うかね」
常務（そんなの社長自身に決まってるでしょ……なんて、絶対言えない）

語源・由来

コンピューターのハードやソフトの性能を評価する際の評価基準であるbench markが由来。「測量における水準点」として使われていましたが、現在は「判断基準」の意味が一般的と言えるでしょう。

PENDING

ペンディング

「いったん、おいておくこと」つまり「保留」です。まだ結論が出せない場合に「この件はペンディングしておいて」といったように使います。

前項で「ビジネスは判断の連続です」なんて書いておいてアレなのですが、どうしても判断できないときってありますよね。その案件に絡む第三者からゴーサインがまだ出ていないときや、他社からもっとよい条件を提示されて悩んでいるとき、先方から回答を求められているけれど、上司からイエスもノーも返事がもらえていないときなどは、特によくあるのではないでしょうか。

結論が出せないときは、こう言いましょう。「その件につきましては、ペンディングとさせてください」と。

「ペンディング」とは「保留」のこと。カタカナ語でクールに言ってますが、「とりあえず、一旦おいといてくれますか」ということです。「ペンディング」の使用頻度の高さは、数あるビジネス語の中でも、一、二を争うほどです。

理由は、それだけ使い勝手がいいから。「この議題はペンディング」「打ち合わせのスケジュールはペンディング」と、なんでもペンディングする人は大勢います。ですが、そういう人は「判断力のない人」として信頼を失うことでしょう。また、「ペンディング」で先送りにして、結局うやむやにされることもあるので要注意。

使用例

若手社員「課長にはまいっちゃうよ。予定も結論も判断もペンディングばかりなんだから。まったく決断力というものが——か、課長、なぜここに!?」

課長「私がどうしたって？　ハッキリ言ってみたまえ」

若手社員「……ペンディングさせてもらいます」

語源・由来

宙に浮いている状態の意味を持つpendingが語源です。保留というと聞こえはいいですが、結局は宙ぶらりんにされているというのは、英語圏も日本も同じようです。

関連する用語

フィックス

「決定」のこと。「ペンディング」ばかりの人は、フィックスを下す能力に欠けていると言えます。

BOTTLENECK

ボトルネック

キング・オブ・ビジネス用語ともいえる存在。それがこの「ボトルネック」です。「仕事を遅らせている原因」という意味で使われます。

ビジネスでカタカナ語を多用すると、「あいつって意識高い系だよな」と揶揄されがちです。

そもそもカタカナ語は、微妙なニュアンスを相手にわかりやすく伝えるという目的を果たすための手段にすぎません。ところが意識高い系は、カタカナ語を相手が理解していないと、逆に優越感に浸ってしまう。完全に手段と目的が逆転してしまっています。そんな彼らに対して「だから、意識高い系はイヤなんだ」と遠ざけることは簡単です。しかし、大人のビジネスパーソンなら、多くの人を受け入れる度量を身につけたいですよね。

そこで覚えておきたいのがボトルネック。意識高い系が使いたがるビジネス用語ランキングのトップと言っても過言ではありません。水の入ったボトルを逆さにしてみればわかるように、首の部分（＝ネック）が狭いせいで、水流が滞ります。そこから、仕事や作業全体の進行を遅らせる原因という意味の言葉が生まれました。覚えましたか？

さあ、これで大丈夫。今後は意識高い系が「ボトルネック」を使ってきても、慈しむような笑顔でウンウンと頷いてあげられるはずです。

使用例

上司「計画は完ぺき。予算は潤沢。チームは精鋭ぞろい。ライバルもいない。なぜこのプロジェクトは滞っているんだ。ボトルネックは何だと思うかね？」

部下「ズバリ答えましょう。ボトルネックは、プロジェクトリーダーである私です！」

語源・由来

bottleは「ビン」。neckは「首」。ビンの先の細い部分のこと。どれだけ大容量のビンでも、首が狭ければ水流は滞る。つまり、ある部分が原因となって、ビジネス全体の進行を遅らせるという意味として、広まった言葉です。

MERCHANDISING

マーチャンダイジング

「商品の品ぞろえを適正にすること」を「マーチャンダイジング」と言います。そしてその仕事をする人がマーチャンダイザーです。


「最近の若者はマーチャンダイジングを軽視しているよ」

「俺たちが若いころは、毎日夢中になったものだよ」

「毎日？　まあ、そうか。若い連中にはビジネスの基本だってことを理解してほしいよ」

「その通り。俺も駆け引きを学んだよ。リーチ一発タンピンドラドラ、親のハネ満！　なんつってな」

「お前、ものすごい勘違いしてるぞ……」

「マーチャンダイジング」とは、「商品の品ぞろえを適正にすること」です。決して「マージャン、大事」ではないので、念のため。


例えばコンビニであれば、さまざまなニーズに応えるため多様な商品をそろえます。あなたが「大好きだから」という理由だけで超高級チョコをずらりと並べたところで、お客さんが見向きもしなければ、商売にはなりません。

お客さんのニーズ、時期、価格、数量、そして売り場など綿密な計画を立てて、管理もきちんとおこなう。それができて初めて、そのコンビニは多くの客が集まる店になるのです。お店が決しておろそかにできない基本のキ。それがマーチャンダイジングなのです。

使用例

A「マーチャンダイジングを意識して、メニューには牛丼、ラーメン、ハンバーグ、寿司を加えたよ」
B「お前の店、スペイン料理専門店だよな……」

語源・由来

英語で書くとmerchandising。「商品の開発、価格設定、発売時期、陳列方法、販売促進など、商品を売るための総合的な戦略」の意味として、昔から使われています。

USABILITY

ユーザビリティ

「コンピューターのハードウェアやソフトウェアの使いやすさ」のこと。「使い勝手のよさ」「操作性のよさ」という意味でも使われます。

ユーザーとメーカーの需要と供給においては、ときに大きな乖離が発生することがあります。

「世界最小、最軽量、赤ちゃんでも軽々持ち上げられる筋トレ用のダンベル、ここに誕生!」なんて大々的に宣伝したとして、ムキムキマッチョマンたちに刺さるでしょうか? 当然ノーですよね。「ダンベルは重いからこそ、意味があるんじゃないか」と、プロテインを飲みながら別のダンベルを買うでしょう。

ユーザビリティは「使いやすさ」のこと。単に操作性がよいとか、使い勝手がよいという意味もありますが、その目的を効率よく達成できるものと考えるとよいでしょう。

「ユーザビリティ」という言葉が広まったのは、ITバブルのころからだとされています。多くのWebサイトが誕生しましたが、それぞれにデザインや操作法が異なっていたため、使いやすいものとそうでないものの差が大きく現れたからです。

「ユーザビリティ」は言ってみればサービス精神の現れ。ユーザーにストレスなく使ってもらおうという思いが形となったものです。

使用例

A「外国人観光客でも使いやすいように、箸にナイフとフォークをくっつけてみたんだ。これはヒット間違いなしだ!」

B「すごい。ユーザビリティのかけらもないぞ!」

語源・由来

英語ではusability。国際規格のISO 9241-11では、「特定の利用状況において、特定の利用者によって、ある製品が、指定された目標を達成するために用いられる際の、有効さ、効率、利用者の満足度の度合い」と定義されています。

RESOURCE

リソース

「資源」のこと。環境やエネルギーなどにおいてはそのままの意味ですが、ビジネスシーンでは「人材、物資、資産」の意味となります。

「せっかく大きな仕事をもらったのに、それを担当する人間がいない」。中小企業の社長さんの中には、そんな悩みで苦しんだ経験をお持ちの方も多いことでしょう。また、「人だけはいっぱいいるけど、新事業を始めるだけのお金が足りない」という悩みを抱える人も少なくないでしょう。

ビジネスを進めていくうえで欠かせないものが3つあります。人材、設備、資金です。そしてこの3つをビジネス用語では「リソース」といいます。

「リソース」は、だいたいの場合において資源と訳されます。ビジネスにおいても、人材、設備、資金は、ビジネスを動かすための資源であると言えるでしょう。

企業を成長させていくうえでリソースの確保は欠かせませんが、かといってそのどれもが潤沢であるのは一部の優良企業だけかもしれません。飲食業界は人手不足に悩んでいますし、優秀な人材を揃えて設備も整えているベンチャー企業が銀行から融資を受けられず夢なかばで諦めざるを得ないこともあるでしょう。

「リソース」が限られた中で、どれだけの成果を挙げられるか。あなたの力量が試されます。

使用例

「リソースは無限ではないんだぞ。うまく切り盛りしながら与えられた仕事をこなしてこそ、一人前というものだ」

語源・由来

「資源」を意味するresourceから生まれたビジネス用語。コンピューターを利用することができるCPUの処理能力、メモリー量などを表す言葉でもあります。

LAYOFF

レイオフ

「一時的に解雇すること」を「レイオフ」と呼びます。この一時解雇は業績悪化によるもので、業績が上向けば再び雇うというシステムです。

　ある程度年齢がいってからの再就職が難しい日本では、リストラはビジネスパーソンたちにとって恐怖の対象でしかありません。何かヘマをしたり、しばらく会社に貢献できていなかったり、そもそも会社の経営が芳しくないといったタイミングで上司から「話があるんだが」と言われると、もう冷や汗タラタラ。重い足取りで上司の部屋へ行くと、「次の週末、接待ゴルフに付き合ってくれ」と言われて、ホッと胸をなで下ろす。そんな経験をした人も、読者の中にはいるかと思います。

「レイオフ」はリストラ同様、解雇の一種。リストラと決定的に違うのは、再雇用されるという点です。つまり、業績が戻ったらまた働いてねと約束したうえでおこなう、一時的な解雇ということ。アメリカなどではわりと珍しくない解雇の方法で、日本にある外資系企業でもたびたび「レイオフ」はおこなわれます。

　しかし、再雇用を約束されているからといって安心はできません。業績が戻らなければそのまま放っておかれて、結局リストラと変わらないからです。ちなみに日本では休職させることを「レイオフ」と呼ぶこともあります。

使用例

課長「大丈夫。レイオフだから。会社が黒字になったら、絶対再雇用するから。嘘じゃないって。神様に誓う。ホント。マジだから。ねっ、ねっ、全然、リストラじゃないし」
部下「ムリです。信じられません！」

語源・由来

語源はlayoff。本来の意味も同じく「一時解雇」。欧米ではそれほど珍しくないタイプの解雇。言葉自体は100年以上前から使われています。

LEVERAGE

レバレッジ

学校の授業で習った「てこの原理」のことを「レバレッジ」といいます。小さい力で、より大きな成果を求めることを表すカタカナ語です。

投資の世界、主にFX取引では「レバレッジ」なる言葉をよく見聞きします。「てこの原理」「てこの作用」の意味で、小さな力で大きな結果を得ることを指します。

2017年10月現在。日本国内におけるFX取引では、25倍までならレバレッジをかけることが可能です。つまり、あなたの資金が100万円しかないとしても、2500万円ぶんの投資ができるということです。

仮に買った商品が2倍になった場合、レバレッジを賭けていなければ資産は100万円の倍で200万円です。ところがレバレッジ25倍だと2500万円の2倍で5000万円。元手は同じ100万円なのに、なんと利益は4800万円（いずれも税金などは考慮してません）も差が出ることになるのです。

ですが、ハイリターンの分だけ当然ハイリスクであることは、お忘れなきように。

少ない労力で大きな結果を出せる人間は、レバレッジの効いた働き方ができているといえます。マンション販売の営業マンが、財布のひもを握っている奥様を先に落とすのは、その代表的な例でしょう。

使用例

A子「後藤さんって、すごくレバレッジ効いてるよね」
B子「うん、ちょっと褒めただけで仕事丸ごと手伝ってくれるもんね」

語源・由来

「てこの原理」を表す英単語leverageを語源とします。もともとは投資業界の言葉でしたが、ビジネスシーンでも頻繁に使用されるようになりました。

LAUNCH

ローンチ

「新商品をリリースしたり、企画をスタートさせたりする際に、大々的に始めること」をいいます。端的にいうと「派手なスタートダッシュ」です。

ゲーム業界では「ローンチタイトル」という言葉がよく使われます。新しいゲーム機の発売日と同時期に売り出されるゲームソフトのことです。アクション、シューティング、スポーツ、ＲＰＧ、パズルなどなど。さまざまなジャンルの中から特に売れそうなタイトルをハードと同時に売り出すことで、「ほら、このゲーム機ではこんなにたくさんの楽しいゲームが遊べるよ。だから買ってね」と、大々的に打ち出すわけです。

「ローンチ」とは、新商品や新サービスの開始に際して、同じタイミングで公式サイトを立ち上げたり、広告展開したりして、その商品やサービスの知名度を上げ、利用者を増やそうとする戦略のことです。

いろいろなものを同時におこなうのですから、当然、お金も人も動きます。結果として大成功であれば御の字ですが、誰も興味を示さなかったときは悲惨です。

「ローンチ」はビジネスの中でも派手な作業ですが、この言葉を頻発する人は多くありません。おそらく「ローン」が「月賦」の意味とかぶって、使っているうちにマイホームローンを思い出してブルーになるからでしょう。

使用例

A「わが社が新開発した『激辛シュークリーム』の発売日がついに決定したぞ。ローンチ戦略を入念に練っておいてくれよ」

B「それは構わないのですが、まず『激辛シュークリーム』をどうにかしませんか？」

語源・由来

「船を進水させる」「矢やミサイルを発射する」「攻撃する」などの意味を持つlaunchが語源。それを考えれば、「ローンチ」は派手であればあるほどよいのではないでしょうか。

ONE STOP

ワンストップ

「1カ所もしくは1度で目的が達成できること」。複数の目的がある場合に、違う店に行ったり、何度も訪れたりしないでよいので、とても便利。

「ああ、服を脱ぐのが面倒くさいし、メシを食うのもだるい。シャワー浴びるのもかったるいし、歯を磨くのも気が乗らない。はあー、全部いっぺんにやれたら、寝る時間が増えるのにな」

深夜までの残業でヘトヘトになって帰ってきたとき、そんなふうに思った人はいるのではないでしょうか。特に女性はメイク落としやお肌の手入れといった手間も加わって、男性よりもさらに大変かと思います。

もしも帰宅してから寝るまでのすべてを1カ所で、それもいっぺんにできる「ワンストップ」なシステムができたら、大ヒットするかもしれませんね。

銭湯の隣にはたいていの場合、コインランドリーが設置されていますよね。入浴と洗濯を同時に1カ所でできる。「ワンストップ」なサービスの好例です。コンビニにあるイートインコーナーも、「買う」「食べる」が1カ所でおこなえることから人気を博し、多くの店で設置されるようになっています。

ユーザーは何と何を同時にできると喜ぶのか。そこに「ワンストップビジネス」のチャンスが眠っています。

使用例

「新しいブライダルプランを考えました。結婚式、披露宴、新婚旅行はもちろん、なんと離婚届の提出からドロドロの裁判まできっちり面倒を見るワンストップなサービスです。いかがですか？」

語源・由来

one-stopが語源。one（1カ所もしくは1度）でstop（終わる）できるサービスのこと。ユーザーからすれば、よけいな手間や時間がかからないので、ありがたい。

第2章 おさらいテスト

第2章で登場したビジネス用語のおさらいをしましょう。
答えられなかった問題は、該当ページに戻って確認を！

第1問

次の用語と意味の組み合わせのうち誤っているものを選び、記号で答えなさい。

ア プロパー　〈意味〉生え抜きの社員
イ インキュベーション　〈意味〉統一性のない複数の物をまとめること
ウ ビジョナリー　〈意味〉将来の見通しを持っている人
エ ダイバーシティ　〈意味〉個性

解答欄 □

第2問

次の会話文の（1）～（3）に入る用語の組み合わせのうち正しいものを選び、記号で答えなさい。

部長「新しくこのプロジェクトに（　1　）することになったA君だ」
社員「はじめまして、Aです。みなさん、力を合わせてがんばりましょう！」

課長「クレームがあった件、製造部に（　２　）したか？」
社員「例の見積もりの（　２　）をいただいていませんが？」
課長「そうか。今後は製造部に対応してもらったほうがいいな」
社員「マーケティング部で増員するんだって？」
同僚「うん。（　３　）の解析で、手が足りないんだ」

ア　(1) アサイン　(2) フィードバック　(3) ビッグデータ
イ　(1) アサイン　(2) レバレッジ　(3) ビッグデータ
ウ　(1) レイオフ　(2) フィードバック　(3) カウンターパート

解答欄

第3問　次の文章の―線部の使い方として正しいほうを選び、記号で答えなさい。

(1)ア　引き抜きが横行しているので、管理職以上をベンチマークした。
イ　ライバル社の実績をベンチマークとする。

解答欄

(2)ア　喫緊の課題については、プライオリティーをつける必要がある。
イ　目的のために手段を選ばないなんて、プライオリティーだ。

解答欄

正解は次のページにあります。

COLUMN

政治や思想でよく見るワード

「ドグマ」

思い込みや、思想上の信念。

「ルサンチマン」

弱い立場の者による逆恨み。

「ポピュリズム」

大衆の意思を政治に反映させようとする姿勢。
大衆迎合主義。

「メタファー」

ある物を他の物の名を使って呼ぶ表現、隠喩。

「ファシズム」

絶対に正しい理念があり、その下で団結して
政治をするべきだという考え方。

正解　第1問　イ　　第2問　ア　　第3問（1）イ、（2）ア

第3章

機会を見て使ってみたい
ビジネス用語

ASSERTIVE

アサーティブ

「相手をリスペクトしつつ、自分の意見もきちんと伝えられる状態」のこと。言いたいことを言いつつもケンカにはならない、信頼が成立している関係性です。

ビジネスは人と人との信頼関係のもとで成立します。その信頼を築くうえで欠かせないのが、会話です。言葉のキャッチボールによって人は相手を知り、そして信頼を深めていきます。

では、信頼を構築するには相手が喜びそうなことだけを言ったり、相手の要求に全て答えればよいのでしょうか。答えはノーです。ビジネスでは自分（自社）の利益を出さなければなりませんし、そのためには相手が嫌がりそうなことであっても伝える必要がどうしても出てきます。

かといって、ケンカ腰になってはビジネスも人間関係もうまくいきません。そこで大事になってくるのが「アサーティブ」。

「納品、ありがとうございます。もう少し納期が早いとありがたかったのですが」。

「こちらこそ、発注をいただき、ありがとうございます。御社と約束した納期には間に合わせましたので、今後とも弊社を信頼してお仕事をいただけましたら幸甚です」

決して感情的にはならず、主張すべきところはしっかりと主張できる「胆力」は必須スキルですよ。

使用例

後輩「ぼく、先輩のこと尊敬してます。全然仕事できないのに、人のミスの指摘は完ぺきな人って、部内では先輩くらいのものですから」

先輩「ハハハ、それはアサーティブじゃなくて、皮肉だな。というか、もはや悪口だぞ」

語源・由来

「自分の意見や思いを伝えること」を意味する英単語assertiveから。「感情的にバチバチやり合うのではなく、きっちり主張すること」の意味のビジネス用語として、広く使われています。

AD HOC

アドホック

「その目的のための最適なやり方」を意味します。場当たり的というとマイナスっぽいですが、ビジネスでは臨機応変な対応が大切なのも事実です。

「適当」。仕事やプライベートにかかわらずよく使う言葉ですよね。実に不思議な言葉で、180度違う意味で用いられます。

「先日のクレームですが、適当に処置を済ませておきました」と言えば「うまく」の意味になります。「適切」に近いニュアンスです。他方、「この書類、適当に書いておいてよ」の場合は、「とりあえずいい感じに」となります。「テキトー」としたほうがしっくりくるかもしれません。

「アドホック」は前者の「適当」に近いフレーズだと思っておけば、まず大丈夫でしょう。出来事に対して、それに見合う最適な方法で解決に導くことを意味します。

ビジネスはその規模の大小にかかわらず、前もってプランを練りますよね。ですが、いつも順風満帆に進められるとは限りません。トラブルや予期せぬ出来事は起こります。そういった事態を予測してあらかじめ解決策を考えておくのは大切ですが、すべてを予見することなど神様にしかできません。何かが起きた場合には、その場その場でアドホックな対応をしていく。それなら私たち人間にもできることですから。

使用例

夫「浮気がバレて怒られているから、いま土下座をしているし、ボクの小遣いでプレゼントを買うよ」

妻「なかなかのアドホックな対応ね。でも、許してあげない」

語源・由来

「臨時」「暫定的」「特定の目的のため」を意味するラテン語ad hocが語源です。カタカナ語としては、「臨機応変かつ柔軟にトラブルなどの出来事に対処する」ことを表します。

ISSUE

イシュー

「話し合いの題材」つまり「論点」のこと。「刊行物」の意味もあり、雑誌で「ラストイシュー」は、廃刊や休刊になる前の最後の1冊の意味になります。

会議がやたらと長い。ビジネスパーソンが抱える悩みランキングの中でも、かなり上位にくるものではないでしょうか。会議が長い理由は、議長にあたる人に決断力がない、意見がバラバラでまとまらない、といった理由が挙げられますが、そもそも論点があやふやなせいとも考えられます。その論点を指す言葉が「イシュー」です。

もしも会議がぐだぐだになってきているなと感じたら、「すいません、ここでイシューをハッキリとさせませんか」と言ってみましょう。検討すべき内容がたちまち明らかとなって、会議はスムーズに終わる……はずです。

「イシュー」は問題点という意味合いでも用いられます。具体的には「物事を多角的に見られないのが、キミのイシューだな」といったように使います。その際、くれぐれも「ボクってそんなに臭いですか」なんて言わないように。それは「イシュー」ではなく「イシュウ（異臭）」です。

1つの問題を集中して取り上げることを「シングルイシュー」といいます。ビジネスを進めるうえで複数の懸念材料があるときは、そのうちの最も重要だと思われるもの1つを集中的に扱って、解決に導くことです。

使用例

部下「主任、会議の時間を短縮するためにイシューをハッキリさせませんか」

主任「うむ。では、何をイシューにするかをこれから会議して決めていこう」

部下「はあ、結局長引きそうだ……」

語源・由来

「論点」「刊行物」「問題」など、さまざまな意味を持つ英単語issueを由来とします。外資系企業や出版業界などでよく使われて、一般的な言葉となりました。

関連する用語

イシューマネジメント

「課題を明らかにして、危機管理に役立てる」の意味。物事を解決するには、課題を明確にする→解決策を立てて実行するのが当然の流れです。

IDEOLOGY

イデオロギー

その人の「思想」のことを表します。日本の外来語としては「政治的な立場」「偏見」といったイメージがつきまとってしまいがちです。

「イデオロギー」は「思想」「観念」といった意味があり、ごくごくわかりやすく言うと、その人の考え方のことです。

海外のビジネスパーソンの間では、昔から「宗教」「政治」「スポーツ」は好ましくない話題とされてきました。なぜか。これら3つは、イデオロギーに関わるナイーブなテーマだからです。

このうちスポーツは、日本のビジネス界では特にタブー視されていません。「来週から野球の日本シリーズが始まりますね。どちらが勝つと思いますか?」程度の話は、あちらこちらでおこなわれています。

他方、「宗教」と「政治」はあまり話題には上りません。日本では憲法によって信教の自由が保障されており、誰がどの宗教を信じようと自由です。それを他者がああだこうだと言って否定してしまっては、その人の持つ権利への尊重が足りない行為となってしまいます。政治も同じです。

このように「イデオロギー」は言葉の解説だけでもだいぶ堅苦しくなってしまいます。出番が多いとは言えないビジネス用語ですが、その意味自体は重要なので、覚えておきたいところです。

使用例

A「やめましょう。議論ではなくイデオロギーのぶつけ合いになってしまっています」

B「そうですね。お互い、少し冷静になりましょう」

語源・由来

もともとは、フランスの哲学者デステュット・ド・トラシーが著作の中で用いたフランス語ideologieが語源。「思想」「観念」「政治的な立場」などの意味があります。

EPIGONE

エピゴーネン

「人のアイディアから着想を得て、それを活かす人」というのは、かなりよい言い方で、早い話が「ネタをパクる人」のことです。

マンガや小説、ドラマや映画。創作物の世界では、常に大衆の支持を受けて大ヒットを飛ばす作品が求められています。しかしながら、万人が「おもしろい！」と思うアイディアなんて、そうそう湧き出てくるはずもありません。その結果として起きるのが、「パクリ」です。誰かのアイディアを持ってきて、それを自身の作品として発表する。パクリがバレて大問題になることも、しばしばあります。

ビジネスの世界にも、アイディアの盗用はあります。お酒の席でなにげなく話した企画を、他の人が次の会議で発表し「あいつ、やりやがったな」と苦い経験をしたかたもいることでしょう。

人のネタをパクったり、マネばかりする人を「エピゴーネン」といいます。「キミはエピゴーネンだな」と人から言われたら、100%けなされていると考えてください。

パクリはもちろんよくないことですが、「これはどう考えてもパクリだろ！」という商品やサービスが、世の中にはあふれています。なぜか。オリジナルが売れたということは「それだけ購買層が多くいる」と各社が判断し、二番煎じを狙うからです。

使用例

上司「いつまでエピゴーネンでいるつもりだ。少しは革新的なアイディアに富んだ商品を開発したまえ！」

部下（いや、そもそもうちの会社名は「グーグルル」で思いっきりパクってるし！）

語源・由来

ギリシア語で「後に生まれたもの」を意味するEpigoneが語源。「亜流」「模倣者」の意味があります。一方、エピゴーネンによってオリジナルの価値が高まる、知名度が上がるという考え方もある。

ALTERNATIVE

オルタナティブ

「従来のものの代わりになる新たな存在」を「オルタナティブ」といいます。この世界ではいまこの瞬間もオルタナティブな何かが生まれています。

「私、タカシくんが好きなの。タカシくん以外の存在なんて考えられないよぉ。うぅ……」なんて泣いていた女性が、数カ月後には「ケンタくんの彼女になってから、3回目のデート。ケンタくんは運命の人。出会えてよかった」なんて、遊園地でのツーショット写真をSNSに投稿する。「タカシくん以外は考えられないんじゃなかったのかよ！」とツッコミを入れたくなりますが、これも1つの「オルタナティブ」の形といえるでしょう。

「オルタナティブ」は、ざっくり言うと「以前からあるものの代わりになる存在」です。この世の中にあるものは、日々、どんどん変化していきます。ライフスタイル、人気俳優、定番のデザートなどなど。本書で紹介しているビジネス用語も、その1つですね。

　新しいものが必ずしもよいものかと言えば、そんなことはないです。しかしながら、新しいものを受け入れていく柔軟性がなければ、ビジネスパーソンとしても、そして人としても幅は広がっていきません。「今あるものでいいのか。新しい何かはないのか？」。常にオルタナティブへのアンテナを張ることは、とても大切なことです。

使用例

社長「わが社の業績が下がっているのは、特に営業のあり方が古臭いからだ。今後はもっとオルタナティブな戦略を打ち出して、顧客を取りにいくぞ！」

語源・由来

「既存のものに代わる新しいもの」を意味する英単語alternativeから。「二者択一」の意味でも用いられ、「どちらの会社と組むか、オルタナティブな選択をしなければいけないな」といったように使う。

QUALIA

クオリア

ひと言で言い表すならば「自分の感覚」。トンボを見て皆が「懐かしいな」という中、「あの背中に乗りたいな」と思ったら、それがあなたのクオリア。

あなたはお腹のあたりに違和感を感じて、病院へ行きました。するとお医者さんがあなたのお腹を手で押しながら、こう尋ねてきました。「どうですか、キリキリとした痛みを感じますか？　それともズキズキした痛みですか？」。「いえ、キリキリでもズキズキでもなく、チクチクした感じの痛みですね」。

キリキリもズキズキもチクチクも、その人の感覚によるものでしかありません。仮にまったく同じ痛みでも、Aさんは「ズキズキ」と感じて、Bさんは「キリキリ」と感じている可能性はおおいにあります。そういった自分独自の感覚が「クオリア」です。

本当はよいと思っていない企画案でも、他の人が絶賛しているからという理由で「素晴らしいですよ」と流されてしまった経験は、多くの人がお持ちでしょう。ですが、それではあなたの存在価値が薄れてしまいます。「いや、ぼくはよくないと思います」と、勇気を持ってあなたの「クオリア」を表してみてはいかがでしょうか。そのひと言によって、ビジネスがさらによい方向に向かうかもしれません。その逆の可能性もありますが……。

使用例

A「ボクのクオリアがこのキャッチフレーズはナシだと言っているよ」
B「私のクオリアも反対だと言っているわ」
C「ダメ出しは結構ですけど、もうちょっと具体的にお願いできますでしょうか……」

語源・由来

「感覚」「主観」「経験にもとづく質感」を意味するqualiaから。「内観によってわかりうる現象的側面」などとも訳されますが、ビジネス用語としてはこのような小難しい意味では持ちいられない。

CASE STUDY

ケーススタディ

「ケーススタディ」はその名前の通り、「ケース」から「スタディ」すること。つまり、「実例から学ぶこと」を意味するビジネス用語です。

「愚者は経験に学び、賢者は歴史に学ぶ」。ドイツ帝国の初代宰相オットー・フォン・ビスマルクの有名な言葉です。世界史の授業で習ったという人も多いことでしょう。

過去を一切振り返らず、同じミスを起こしてしまうのは愚の骨頂です。とは言え、自分の経験則だけを頼りにすればよいかと言えば、それだけでは不十分でしょう。否、もったいないと言ったほうが正しいかもしれません。自分だけの経験ではなく、過去を生きた多数の人々の経験、すなわち歴史を学べば、より多くの成功例と失敗例が見えてくるからです。「実際の具体例から学び、自分のこれからに生かすこと」を「ケーススタディ」といいます。

「○○係長は接待ゴルフで△△社長にゴマスリしすぎて、かえって嫌われたと言っていたっけ」といったように、上司や先輩の成功例や失敗例を教訓とすることで、同じようなミスを繰り返さずに済むのです。

「ケーススタディ」が存在せず、自分の判断で動かなければならないときもありますが、それは後輩たちの役に立ちます。仮に大失敗しても、「貴重なケーススタディになってやったぜ」と思えば、少しはラクになるはずです。

使用例

「あの大型案件はほぼわが社で決まりだったのに、他社に持っていかれた。その原因をケーススタディから徹底的に洗うぞ」

語源・由来

ある出来事を分析し、その原理や法則性を発見しようとする「事例研究」を指すcase studyを語源とします。フィールドワークの意味でも用いられます。

CORE COMPETENCIES

コア・コンピタンス

「その企業の核となる能力＝強み」のことです。総合的に優れている企業より、どこか突きぬけている企業のほうが重宝される場合も多いですよね。

人には誰にでも長所があります。「勉強ができる」「スポーツが得意」「ルックスがいい」といったところは、人がうらやむ代表的な長所でしょう。その他にも「絵がうまい」「気が利く」「空気が読める」「イヤなことはすぐに忘れられる」などなど、「私に長所なんてないから」なんていう人でも、必ず長所はあるものです。

企業も同様。規模の大小を問わず何かしら長所を持っています。「企業が持っている強み」が「コア・コンピタンス」です。企業の「核となる能力」と言い換えることもできます。

代表的な「コア・コンピタンス」は、他社ではマネできない独自の技術でしょう。金属を限りなく球体に近い形に削れるなどは、その好例です。衣料品メーカーならば、ブランド力が強ければ強いほど長所として輝きますし、どんなことでもスピード感をもって対応するのも長所です。「わが社にはこんなストロングポイントがあるんだよ」と社員全体で意識統一をして、それを武器にビジネスを進めることを「コア・コンピタンス経営」といいます。社員がまとまった会社のパワーは計り知れません。

使用例

A「どんなミスをしようと、どれだけ取引先を怒らせようと、どれだけクレームが殺到しようと、決してくじけないメンタルの強さ。それがわが社のコア・コンピタンスです！」
B「もしかして、仕事そのものは苦手？」

語源・由来

「核となる能力」を表すcore competenceが由来。ビジネス用語としては、その企業の「長所」「得意とする競争分野」「得意分野に特化した経営スタイル」などの意味を持ちます。

CONGLOMERATE

コングロマリット

「多角的に経営をおこなう巨大企業、複合企業」を意味するconglomerateが由来。異業種の企業を買収、合併して巨大化していく会社を指すことも。

近年、複数のジャンルの事業をおこなう企業が増えていると思いませんか。たとえばＤＭＭ。成人向けの映像作品をディスクやダウンロード、ストリーミングによって販売したり、レンタルするサイトの運営で大成功をおさめた会社です。しかし、同社はそれだけにとどまらず、一般向けの動画配信サイト、アフリカでの新ビジネス、インターネット光回線、英会話、講演依頼、２０１７年にはひと口馬主事業にも参入しています。

このように複数のジャンルの事業を展開する企業を「コングロマリット」といいます。特にネット事業をきっかけに規模を拡大させていった「コングロマリット」は「ネット財閥」とも呼ばれます。なるほど、その多角経営ぶりは確かに昔の財閥に似ていますよね。

ＤＭＭや楽天、ソフトバンクなどは日本を代表するネット財閥です。各社とも実に幅広くビジネスを展開しており、その分野を専門とする企業とも対等に渡り合っています。「二兎を追う者は一兎をも得ず」とならないのは、経営者が優秀だからでしょう。当然、その会社で働く社員も切れ者ぞろいであることは、言うまでもありません。

使用例

「外食産業で成功して、ゆくゆくはわが社をあらゆるジャンルの業種を手がけるコングロマリットに成長させる。それが私の夢、いや、目標だ！」

語源・由来

「多角的に経営をおこなう巨大企業、複合企業」を意味するconglomerateが由来。異業種の企業を買収、合併して巨大化していく会社を指すことも。

CONTEXT

コンテクスト

「話の文脈」「場の雰囲気から、言葉の裏を読むこと」。つまり、「空気を読む」ということ。空気の読めない人は好かれるか嫌われるかどちらかです。

雑貨屋を営むあなたのもとに、文房具メーカーが売り込みにきました。プランを聞いて、これは無理だなと思ったあなたは、メーカーの営業マンに言いました。

「結論から言うと、今回は難しいですね」

すると営業マンは、ガッツポーズするではないですか。

「やったー！　俺、仕事が難しければ難しいほど、燃えるタイプなんですよ！　よーし、がんばるぞ！」

言うまでもありませんが、ここでの「難しいですね」は「無理です。お断りします」を、柔らかく表現したもの。決して「この苦難を乗り越えてみろ」ではありません。

「前後の文脈から読み取る相手の真意」を「コンテクスト」といいます。「空気読めよ」の「空気」にあたる言葉です。デキるサラリーマンは「コンテクスト」を察知する能力に長けています。営業先の担当者が「最近、経理部長が変わりましてね」とくれば、（なるほど、予算は厳しくなったということだな）と、相手の言葉の裏にある真意を理解できます。相手の言いづらいことを言わせないであげる。「コンテクスト」には、そんな気配りも込められているのではないでしょうか。

使用例

取引先の部長「来週のゴルフでも、また勝たせてもらいますよ。ワハハ」

新入社員「いや、先週のは接待ゴルフだからわざと勝たせてあげたんですよ。そうですよね、部長」

部長（頼む、コンテクストを読んでくれ！）

語源・由来

「文脈」「背後関係」を表すcontextが語源。そこからビジネスシーンでは「場の雰囲気＝空気」として使われるようになりました。対義語は「コンテント」でこちらは「中身」を意味します。

CONVERSION

コンバージョン

ネット業界ではひんぱんに用いられるビジネス用語です。「サイトなどを訪れた人がお金を使ってくれること」の意味として使われます。

「コンバージョン」には、大きく2つの意味があります。

1つは「サイトなどを訪れた人がお金を使ってくれること」の意味で、IT業界でひんぱんに用いられます。この場合の「コンバージョン」を得る代表的な例と言えば、スマホのソーシャルゲームでしょう。

皆さんも一度ならずソシャゲのテレビCMを見たことがあるかと思いますが、そのほとんどは「基本無料」をうたっています。実際、無料で遊ぶことが可能です。しかし、強いキャラクターや武器、レアアイテムをゲットしたいならガチャを引かなければなりません。そのためにユーザーが課金することによって、超人気ゲームになると何十億、何百億円というばく大な利益を得られるのです。

もう1つの意味が「変化」です。「他社に企画書を送る際には、書き換えられないようにワードファイルをPDFファイルに変換して送りなさい」なんて叱られた経験はありませんか？　このファイル変換のことも「コンバージョン」といいます。また日本円を米ドルなど他の通貨に換えたと仮定して計算し、金額をはじき出すのも「コンバージョン」と呼ばれることがあります。

使用例

A「はあ～、コンバージョンの金額がまた増えちゃったよ」

B「いいことじゃないか」

A「違うんだよ。俺が払う金額が増えちゃったんだ。毎晩見てるエッチなサイトに払う金額が」

語源・由来

「変換」「転換」「改造」「改変」などを指すconversionから。もともとは「よい意味での変化」として使われていた言葉です。ビジネスではお金が入るのはよいことですから、現在の意味になったと考えられます。

SEAMLESS

シームレス

「どこで何を使おうとも、同じように利用できること」。異なるマシンを使っても、いちから操作を覚える手間と時間を節約できます。

例えば動画配信アプリだと、スマホでもタブレットでも、そしてパソコンでも、同じように操作できるものが多くあります。ごくわずかな差異はあっても、スマホとパソコンでメニュー画面が大きく異なり、使い方もまるで違うなどということはありません。

「どんなものを使っていたとしても、同じように操作、利用ができること」が「シームレス」です。もしも利用する機器ごとに操作方法が違えば、ユーザーにストレスを与えてしまいます。「シームレス」ならばその心配がなくストレスフリーで使ってもらえるので、結果としてそのサービスを長く利用してもらえることにつながっていくのです。

「シームレス」の本来の意味は「継ぎ目がないこと」。ゲームで敵と遭遇したときなどにロードをはさまないことや、移動中にスマホでネットをWi-Fiにつなげて利用している際、途切れた場合に自動的にキャリアの電波につなげて通信が止まらないことも「シームレス」と呼びます。

職場においても、営業でも販売でも経理でも、異なる部署、業種で同じように成果を上げられる「シームレス」な人材は重宝されます。

使用例

A「課長の家に泊めていただいたとき、自分の家みたいにくつろぎまくってたな」
B「まあ、俺はシームレスな男だから」
A「確かにすごいわ。褒めてはいないけどな」

語源・由来

「継ぎ目のないこと」「縫い目のないこと」の意味を持つseamlessが由来です。境目がないということから、「どんなものでも同じように使える」を指すビジネス用語として定着しました。

SHRINK

シュリンク

「サイズや能力が縮んでしまうこと」を表します。精神的に縮こまることや、物理的に小さくなってしまうこと、その両方を指します。

職場では元気ハツラツでテキパキと仕事をこなす元ラグビー部の体育会系社員。ところが実は極度のあがり症で、プレゼンをする際には「こここ今回のプレゼンは、あの、その、へへへ弊社の――」なんて、すっかり萎縮してしまう。そんな人って、たまに見かけますよね。

「シュリンク」とは「サイズや能力が小さくなること」。その体育会系社員の場合であれば「人前に出るとすっかりシュリンクして能力を発揮できなくなる」といったように使います。もしも社長が「わが社の財政状況は非常にシュリンクな状態だ」と言ったら、財政が縮小しているということ。かなりヤバい状況だと思ってください。

「シュリンク」という単語が最も多く用いられるのは、おそらく本屋さんでしょう。おもにマンガの単行本などを立ち読み対策や汚れ防止のために、薄い透明フィルムでぴっちりと包装することを「シュリンク」というからです。

日本は超高齢化社会を迎え、経済の「シュリンク」が訪れることは、ほぼ間違いありません。それでも心は決して「シュリンク」せず、ピンチの中からビジネスチャンスを模索するタフなハートを持っていたいものです。

使用例

A「どんなに手ごわい交渉でも一歩も引かないタフな部長も、奥さんにだけは頭が上がらないらしいな」

B「うん、前に会社の前で奥さんに怒られてシュリンクしている部長を見たことがあるよ」

語源・由来

「縮むこと」「萎縮すること」を意味するshrinkから。シュリンク包装というと、熱を加えると縮む素材（シュリンクフィルム）を使って書籍やCDケースなどを包むこと。

SERENDIPITY

セレンディピティ

「偶然、探していたものや欲しがっていたもの、高価なものが見つかること」を表します。案外、ビジネスチャンスってそんなものなのかも。

代表的なスポーツドリンクとして昔から愛され続けている「ポカリスエット」は、ある偶然から生まれた商品でした。当時の技術部長がメキシコに視察で訪れた際、お腹を壊して入院しました。点滴を受けた技術部長は、「栄養も一緒に補給できる飲み物があればいいのに」と思い立ち、「飲む点滴液」としてポカリスエットが誕生したのだとか。(大塚製薬公式サイトより)。

これぞまさしく「セレンディピティ」。「新しいアイディアやものが偶然見つかること」です。

何かアイディアをひねり出すときには、情報を集めたり、資料を読み漁ったりして、他者や歴史から知恵を拝借するのはとても大事なこと。ですが、思考が凝り固まってしまう可能性もあります。

何も思い浮かばないときは、思い切ってまったく別の行動を取ってみてはいかがでしょうか。散歩したり、スポーツをしたり、飲みに行ったり、旅行へ行ったり――。そういったビジネスと関係ないことから思いがけないヒントを得て、大ヒット商品を生み出した例は、ポカリスエット以外にも数多くあるのですから。

使用例

A「嫁さんと初めて出会ったのは野球場のスタンド。たまたま席が隣同士になったんです。婚活パーティーでは空振りだったけど、まさか球場で相手が見つかるなんて。これがセレンディピティってやつですね」

語源・由来

serendipityは、イギリス出身の作家ホレス・ウォルポールが生み出したとされる造語。「それを探していたわけではないけれど、運よく偶然に発見したもの」の意味。

TEXTURE

テクスチャー

ひと言で言うなら「質感」となりますでしょうか。「あるものと接したときに感じられる肌触り、手ざわり、歯応え」なども含まれます。

ひと言で「質感」といっても、その種類は実に多くあります。ザラザラ、スベスベ、ゴワゴワ、ゾリゾリ、ヌメヌメ、ベトベト、プニュプニュ、フワフワなどなど、数え上げたらきりがありません。

質感の良し悪しは、それがどんなものかによってまったく変わってきます。例えばカナヅチのグリップの質感ならば、ザラザラしているのがよいでしょう。同じザラザラでもこれがスマホの画面なら、指が痛くなってたまったものではありません。

人が使うものの多くは、人体のどこかに触れます。機能性やデザイン、価格はもちろんですが、「テクスチャー（＝質感）」も大事な要素となります。

宣伝、広告においても、「テクスチャー」は重要な役割を果たします。開発部が長年かけて究極の美肌クリームを作ったとしても、そのキャッチコピーが「ゴワゴワの肌をあなたに」では、売れるはずがありませんよね。

「テクスチャー」は「リアルな空気感」の意味でも用いられます。「部長が激怒したってウワサだけど、現場のテクスチャーはどうだったの？」という具合に使いましょう。

使用例

営業マン「わが社が開発した新型スポーツカーです。加速、乗り心地、安全性もさることながら、なんといってもたまらないのがボディーのなめらかなテクスチャーです。ああ、たまらない、スリスリ」
客「…………（ドン引き中）」

語源・由来

textureが語源。そもそもの意味は「織物の生地」「木材、石材などの質感」など。カタカナ語としてはもっぱら「質感」を表します。

KNOWLEDGE

ナレッジ

「知識」を意味する外来語ですが、ビジネスシーンでは主に「使える知識や情報」を指します。長年培ったノウハウもこれに含まれます。

「ナレッジ」とは、端的に言えば「知識」のことです。人は生きていくうちにさまざまな経験を積み、多くの知識を獲得していきます。この本もあなたの知識を増やすことの手助けになっている……はずです。

ビジネスの世界で言う「ナレッジ」とは、「そのビジネスにとって使える知識や情報」を意味します。

不動産会社に10年勤めて、別の不動産会社に移ったとしましょう。新しい会社の人たちは、あなたが不動産の「ナレッジ」を10年分持っている人だと判断するでしょう。つまり、即戦力として見てくれます。

とはいえ、「ナレッジ」は必ずしも専門的な知識である必要はありません。外資系商社から日本の不動産会社に転職すれば、新しい会社の人たちは「不動産会社にプラスになるようなナレッジを持っているだろう」と期待するでしょう。他業種と専門的な「ナレッジ」が融合することで、新しいビジネスチャンスが生まれるかもしれない。

企業が未経験者であっても他業種で優秀な成績を残した人材を登用するのは、組織の中で新たな「ナレッジ」を生み出し、それを利益につなげるためでもあるのです。

使用例

「今回の案件は、社運を賭けたビッグプロジェクトだ。リーダーを務める私も精一杯努力するが、どうか皆のナレッジを貸してほしい。よろしく頼む！」

語源・由来

「知識」「情報」「経験」などを意味するknowledgeが由来となって誕生したカタカナ語です。そこから「企業や組織にとって有益な情報」を表すようになりました。

BIAS

バイアス

「本当はそう思っていないのに、意見を歪める存在」のこと。「偏見や先入観を引き起こす原因」と言ったほうが理解しやすいかもしれません。

「あの会社の課長って、甲子園出てるんだろ。あ～、バリバリの体育会系って苦手なんだよな。やたらハイテンションで、声がデカくて、なんでもかんでもイケイケだから」なんてグチをこぼしていたのに、実際に会ってみると課長はおとなしくて慎重なタイプ。心の中で（勝手に決めつけてごめんなさい……）と謝ったことってありませんか？

体育会系＝ハイテンション、声がデカい、イケイケ。そう決めつけてしまう原因となった自身の経験、他人の評価などが「バイアス」です。

プロバイダーの広告で使われている棒グラフで、他社のものは細くて短いのに、自社のものは太くて長く、しかも金色にしているものを見かけました。でも、速度の数値はどこもたいして変わらない。これはビジュアルで人の思考を歪めてしまう「バイアス」の典型的な例です。

ちなみに「バイアス」を持って人に接しても、いいことはまずありません。イヤな人という先入観を持っていれば、最初からそれなりの対応をしてしまいますし、逆によい人だと思い込んでいれば、ちょっとした行き違いで「すごくイヤな人」と判断してしまう危険性があるからです。

使用例

A「このミーが西洋かぶれのメンズだって。それは、ユーのバイアスがかかったビジョンだよ」
B「いや、俺の視界はすっきりクリアーだぞ」

語源・由来

biasのもともとの意味は、織物の布目に対して斜めに切ること。まっすぐではないということで、「物事の見方の偏り」＝「偏見」として使われるようになったと言われています。

関連する用語

フラット

「公平なこと」「偏りがないこと」で、バイアスとは真逆の意味。ビジネスパーソンである前に、一人の人間として、いつもフラットな考え方でいたいものです。

BUZZWORD

バズワード

「いかにも意味がありそうで、その実、まったくもって中身をともなわないの言葉」。要するに「クソの役にも立たないざれ言」という意味です。

２０１７年現在、ビジネスの世界では「トータライズビギニング」の重要性に、各企業、特にコングロマリットが注目しています。あらかじめゴールを見据えるのではなく、まずは企業全体で一歩を踏み出す。そのリスクを背負うことで大きな利益を獲得しようという経営スタイルは、「パイレーツパラダイム」とも呼ばれます。

嘘です。「トータライズビギニング」とか「パイレーツパラダイム」なんて言葉はありません。そもそも、ゴールを設定せず見切り発車する経営なんて、怖すぎます。

でも、よくわからない言葉でぐいぐい来られると「ふんふん、なるほど、その通り」なんて思わされてしまう。この「よくわからないけど、なんか意味があるっぽい言葉」をバズワードといいます。

一部の投資や自己啓発のセミナーでは、「バズワード」がガンガン出てくる場合があります。そうすると雰囲気に飲まれて、多額の投資をしたり、情報商材を買ってしまったりする人が出てくるんですね。そうならないためには、カタカナ語をしっかりと覚えておき、怪しい言葉を判別する知識を身につけておくことが大切です。

使用例

「なんか怪しいセミナーに来ちゃったな」
「ああ、もっともらしくバズワードを使いまくってるけど、要は『私にお金をくれ』ってことだし」

語源・由来

由来は英単語のbuzzword。「buzz」は虫の羽音がうるさいこと。「word」は言葉。すなわち「聞いているだけで耳ざわりな言葉」の意味。

BRIEFING

ブリーフィング

会議が長時間、打ち合わせが会議より短い時間だとしたら、打ち合わせよりもさらに短い時間で済ませるごく軽い話し合いのことです。

長い時間を必要としないけれど、きちんと話し合って確認しておかなくてはならない事項ってありますよね。そのような「時間の短い打ち合わせ、状況報告」が「ブリーフィング」です。

人数が少ない小規模企業の「朝礼」も、「ブリーフィング」と言えるのではないでしょうか。まずは社長から会社の全体的な報告があり、続いて各部署のリーダーや各社員が作業の進捗状況を報告する。ごく短い時間であっても社員全員の情報の統一がなされることによって、考え違いによる余計なミスを無くすことができます。

「日本の企業は、とにかく会議が長すぎる。時間のムダだ」。外資系企業の経営陣が書いたビジネス書には、そのようなことがよく書かれています。

確かに会議を長すぎると感じている人はいるでしょう。また、そもそも全体会議を毎週決まった時間におこなうことが正しいかどうかも、怪しいものです。

情報の伝達や報告は、「ブリーフィング」でさっと済ませる。そうなれば時間のムダがなくなって、残業も減る……といいですね。

使用例

新入社員「ブリーフィング？　すいません、ぼくはトランクス派なんですよ」

先輩社員「それ、マジで言ってるんなら相当やばいぞ。ブリーフィングどころか、長時間のミーティングできっちり意味を説明してやる。ついてこい」

語源・由来

語源は「簡単な報告、事情説明」を意味するbriefingです。記者会見などで、メディアに対しておこなうごく短い説明も表します。「短い話」ということから、「短時間の話し合い」として使われるようになったと考えられます。

PRODUCT OUT

プロダクトアウト

「製品ありきの戦略」。ユーザーのニーズに応えてもの作りをするのではなく、あくまで自分たちの売りたいものを売ることです。

「私と結婚して！」。ある日、A子があなたにプロポーズしてきました。あなたは既婚者。A子とは結婚できません。しかし、Aはミス〇〇大学に選ばれた美女で、仕事もバリバリこなす才色兼備。おまけに性格も完ぺきです。

そんなA子のほうから、あなたにアプローチしてきたのです。どれだけ妻を愛していて、今の夫婦生活に満足していたとしても、あなたの心は多少なり揺れ動いてしまうのではないでしょうか。

客のニーズを考慮せず、自分たちの売りたいものをガンガン売っていこうとする販売戦略。これを「プロダクトアウト」といいます。

「プロダクトアウト」の成功のカギを握るのは、言わずもがな商品そのものの力です。ニーズとは関係なく、思わず誰もが欲しくなってしまう。そんな魅力的な商品でなければなりません。

なんてことを書きましたが、それができるなら誰も苦労しませんよね。ですから商品開発は客のニーズに合わせたものが主流となっているのですが、当然、ヒットしない可能性は十分にあります。結論。ものを売るのは難しい！

使用例

A「フリマアプリって、プロダクトアウトの新しい可能性を開花させてくれる存在だと思うんだよな」

B「なるほど、一理あるな。で、お前が売ってるのはアイスのハズレ棒、使用済みのティッシュ、インクの切れたボールペン……って、ゴミばかりじゃねえか！」

語源・由来

「売りたい製品を売る戦略」を指すproduct outから。ニーズに応えることよりも、商品の使いやすさ、デザイン、価格といった価値を上げることに集中すること。

MONETIZATION

マネタイズ

「それまで儲けが出なかったサービスで、お金を得ようとすること」です。ITの進化によって、さまざまなものがマネタイズされています。

ビジネスの目的はお金を儲けることです。社会への貢献、経済活動への寄与、雇用の創出なども企業の果たすべきものとして語られることは多々ありますが、突き詰めればやはり利益を出すことが最優先されます。

「マネタイズ」とは、「儲けが出るようにすること」。すなわち「マネタイズ」はビジネスと同義語と言ってしまっても差し支えはないでしょう。

スマホの普及によりネット社会が加速し続ける現在、ビジネスチャンスは多くなったと言えますし、減ったとも言えます。なぜか、無料のサービスがひと昔前に比べて圧倒的に増えたからです。

たとえば電車の乗り換え案内。かつては有料サービスとして、お金を取っていました。ところが現在では、他社が無料で提供しています。ユーザーがどちらを利用したがるか、言うまでもないでしょう。

「マネタイズ」は何も対ユーザーに限った話ではありません。とにかく人を集めて、ネット広告で集金するというのも王道の手段です。そう遠くない未来に、新しい「マネタイズ」の形が出てくることでしょう。

使用例

上司「ネット上で空気を売ってマネタイズする……か。アイドル関係や観光名所の空気を売るメーカーはすでにあるようだが、キミはどんな方法でプロフィットを得るつもりかね？」

語源・由来

「収益化を目指すこと」を意味するmonetizeが由来です。もっぱらネット上のビジネスで、それまでは無料でしてきたサービスを有料制にしたり、広告費を得たりするなどして、収益を得ようとする試みを指す言葉として普及。

LITERACY

リテラシー

「情報を正しく読み取る能力」「ものやサービスを正しく使える能力」を表します。つまり、物事を間違って受け止めたり、使ったりしない力です。

スマホ1台で世界中の誰とでもつながることができるネット社会において、情報はとても価値があるものであると同時に、非常に有害なものでもあります。

有益な情報はあなたの人生を豊かにしてくれるでしょう。一方、有害な情報は、判断をあらぬ方向に導いたり、でっちあげのウソ知識を真実だと信じ込ませてしまいます。

「無数にある情報の中から正しいものを受け取る能力」が「リテラシー」。現代を生きるビジネスパーソンには欠かせないスキルでしょう。裏付けのないデマを信じたり、自分の信じたい方向に捻じ曲げて情報を受け止めたり、そういうことをしている人は「リテラシーがない人」です。

「リテラシー」には「正しく使う」の意味もあります。

「真に恐れるべきは有能な敵ではなく、無能な味方である」。織田信長の言葉です。いくら正確な情報や知識をもっていても無知によって正しく使えなければ、それはあなた自身に悪い結果をもたらすでしょう。

ちなみに「真に恐れるべきは——」の言葉は、織田信長のものではありません。信じてしまった人は、誰の言葉かをご自身で調べて「リテラシー」を鍛えてください。

使用例

後輩「総務課のあの子、目が合えば必ず視線を逸らすし、あいさつすればツンとした顔するし、絶対ボクに気がありますよ」

先輩「お前は仕事はできるけど、恋愛リテラシーは完全に平均以下だな」

語源・由来

「読み書きする能力」「情報の判断力、活用力、応用力」を意味するliteracyを由来とします。コンピューターリテラシーと言うと、コンピューターの知識とそれをうまく使うスキルのこと。

関連する用語

情報リテラシー

ネットなどを駆使して集めた情報やデータの中から有用なものを選び取り、それを企業の利益に結びつけること。また、それら情報やデータを管理することも意味します。

第3章 おさらいテスト

第3章で登場したビジネス用語のおさらいをしましょう。答えられなかった問題は、該当ページに戻って確認を！

第1問

次の用語と意味の組み合わせのうち誤っているものを選び、記号で答えなさい。

ア コンバージョン 〈意味〉サイトを訪れた人がお金を使ってくれること

イ クオリア 〈意味〉自分の感覚

ウ ナレッジ 〈意味〉知識

エ シームレス 〈意味〉指示をする人

解答欄

第2問

次の会話文の（1）～（3）に入る用語の組み合わせのうち正しいものを選び、記号で答えなさい。

社長「きみ、先日の会議で叱られて（　1　）していたな」

部長「……はい。申し訳ありません」

社長「もう終わったことだ。元気を出して、次がんばれ！」

課長「噂の外部セミナーに参加してみて、どうだった？」
社員「（　２　）だらけでしたよ。ほとんど役に立たない気がします」
社員「あのニュース番組の内容、ちょっと偏っている気がするな」
同僚「そう？　きみこそ（　３　）がかかっているんじゃない？」

ア　（1）イシュー　（2）バズワード　（3）バイアス
イ　（1）シュリンク　（2）ブリーフィング　（3）イデオロギー
ウ　（1）シュリンク　（2）バズワード　（3）バイアス

解答欄

第3問　次の文章の―線部の使い方として正しいほうを選び、記号で答えなさい。

（1）**ア**　妻とはアサーティブな関係を築いている。
イ　取引先ともめて、アサーティブな関係になってしまった。

解答欄

（2）**ア**　社長交代にともない、オルタナティブな戦略を打ち出す。
イ　送別会の席で、急にオルタナティブな気分になった。

解答欄

正解は次のページにあります。

COLUMN

ネットでよく見るワード（日常会話で使うと恥ずかしい？）

「フラグ」

何かが起こる予兆・条件のようなもの。ある出来事が起こる条件がそろった時に「フラグが立った」などと使う。

「マスゴミ」

ゴミみたいなマスコミの意味。マスコミをディスる際によく使われる。

「ネトウヨ（ネトサヨ）」

「ネット右（左）翼」の意味。ネット上で活躍する右（左）翼のこと。

「メシウマ」

他人の不幸を見て飯がうまい、という意味。人間の本質が垣間見える言葉。

「kwsk」

「くわしく」の意味。詳しく教えて欲しいときに使われる。

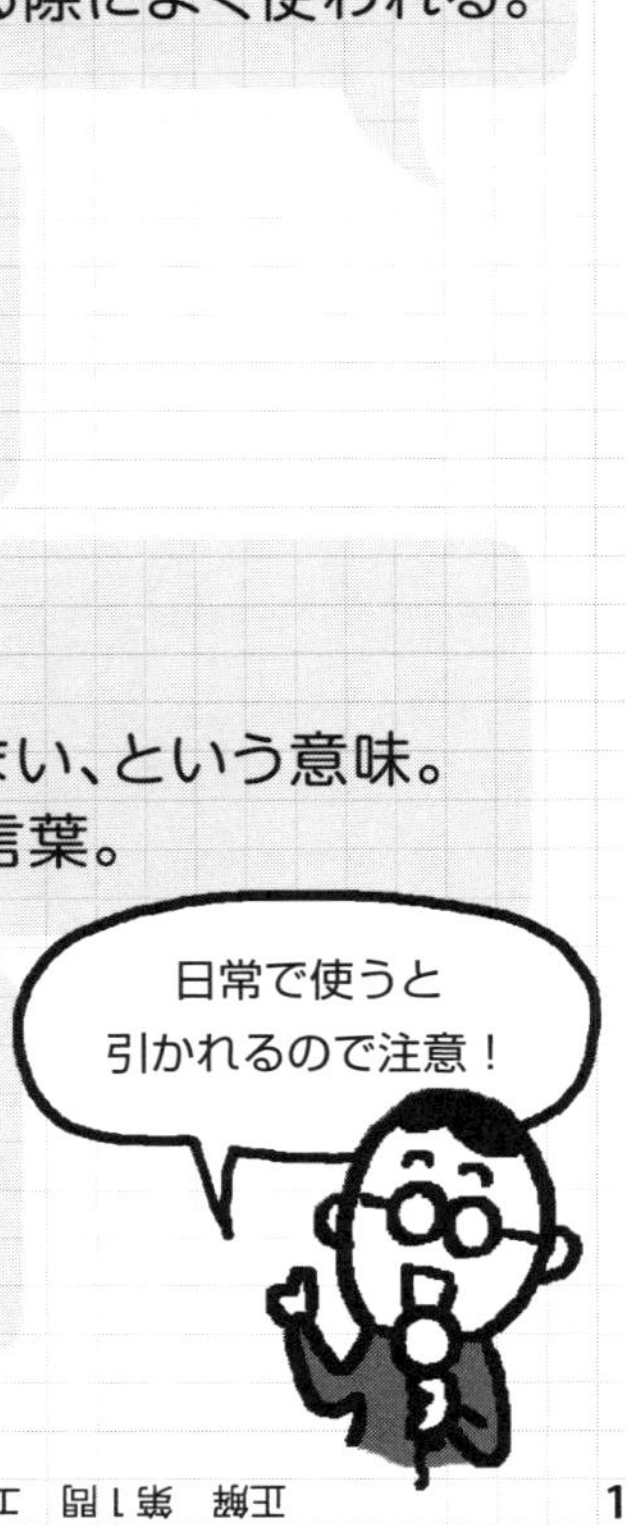

正解　第1問　エ　第2問　ウ　第3問（1）ア（2）ア

参考文献

『大辞林』（三省堂）
『現代用語の基礎知識　2017 年版』（自由国民社）
『そうだったのか！　スゴ訳 あたらしいカタカナ語辞典』高橋健太郎（高橋書店）
『すっきりわかる！　超訳「カタカナ語」事典』造事務所編（PHP 文庫）
『モテるビジネス用語』小石マヤ著（イースト・プレス）

あなたの実力がわかる
ビジネス用語テスト

本書を読んで、どの程度理解できたかを確認するテストです。さっそくチャレンジしましょう！

● 第１問 各２点

意味を見て、言葉を並び替えなさい。

(1) 意味／知ったかぶりをする人、権威に弱い人

ブ ノ ッ ス

□□□□

(2) 意味／１カ所もしくは１度で目的が達成できること

ン プ ス ワ ッ ト

□□□□□□

(3) 意味／双方向

タ ブ ン ク イ ィ ラ テ

□□□□□□□□

(4) 意味／製品ありきの戦略

ト ト ロ ダ ウ プ ア ク

□□□□□□□□

(5) 意味／事実上の標準規格

ク フ ト ダ ス ー ァ ン デ ド タ

□□□□□□□□□□□

● 第2問 各2点

上のビジネス用語と下の意味の組み合わせが合うように線で結びなさい。

チャネル・
ユーザビリティ・
エピゴーネン・
リレーションシップ・
パースペクティブ・

・それぞれの立場からの視点
・企業とユーザーの信頼関係
・コネ
・ネタをパクる人
・使い勝手のよさ

●第3問 各2点

次の文章の―線部の使い方として正しいほうを選び、記号で答えなさい。

(1) ア　部長がエビデンスを発揮して、売り上げが伸びた。

　イ　企画会議では、かならずエビデンスを提示するように。

解答欄

(2) ア　この商品の最大のウリは、開発部がこだわったテクスチャーだ。

　イ　中途入社組は、昇進もテクスチャー気味だね。

解答欄

(3) ア　社長の考え方は従来のアテンドから大きくかけ離れている。

　イ　クライアントのアテンドに失敗して、計画倒れになった。

解答欄

(4) ア　業務の優先順位をつけられないなんて、コンシューマー失格だ。

　イ　販売部は、コンシューマーのニーズがわかっていない！

解答欄

(5) ア　彼のアドホックな対応で、大きなトラブルにならずに済んだ。

　イ　稟議書には、アドホックを明記する必要がある。

解答欄

● 第4問 各3点

意味を読んで空欄にあてはまるビジネス用語を下から選び、記号で答えなさい。ただし、2つ使われないビジネス用語が含まれています。

(1) 意味／集めた情報やデータの中から、有用なものを選び取って活用すること

情報□□□□

解答欄 □

(2) 意味／利害関係者同士の対立を調整したり、反対者を説得したりといったことを通じて合意を拡大していく手法

□□□□□□・ポリティックス

解答欄 □

(3) 意味／貸付先の財務状況が悪化することで元利の回収が遅れたり、資産価値が減少してしまうリスクのこと

□□□□□リスク

解答欄 □

(4) 意味／課題を明らかにして、危機管理に役立てること

□□□□マネジメント

解答欄 □

(5) 意味／相手に何かを買ってもらうかわりに、こちらも相手から何かを買うこと

□□□□取引

解答欄 □

ア	デフォルト	エ	ストラテジー	キ	イシュー
イ	リテラシー	オ	バーター		
ウ	コンセンサス	カ	レバレッジ		

● 第5問 各3点

次の会話文の（1）～（5）内に入るビジネス用語を下から選び、記号で答えなさい。

課長「前回の打ち合わせの内容は、きちんと把握しているか？」
社員「はい、（　1　）しています」

社員「申し訳ありません。納品が遅れてしまいました」
取引先「原因は何ですか？（　2　）がどこかにあるはずです」

社員「企画部の新人が、社長賞をもらったってさ。すごいよなあ」
同僚「新サービスのアイデアでしょ。まさに（　3　）だったらしいよ」

社長「その商品、本当に（　4　）できるんだろうな」
部長「はい。ネット上でテスト販売して、結果が出ています」

社員「取引先とトラブルになって、部長にしかられちゃった……」
妻「前にもあったでしょ。あなた、（　5　）が足りないんじゃないの？」

(1)	(2)	(3)	(4)	(5)

ア　ボトルネック	**エ**　マネタイズ
イ　ケーススタディ	**オ**　セレンディピティ
ウ　アーカイブ	

●第6問 各4点

次の文章の（1）～（10）内に入るビジネス用語を下から選び、記号で答えなさい。ただし、1つだけ使わないビジネス用語が含まれています。

来期の経営計画の（　1　）を発表します。

当社は、5期連続で営業黒字を達成しています。来期は業界の枠を超えた（　2　）を目指し、本格的に動きはじめます。

最大の目玉として、当社は新たにA社と（　3　）を組むことになりました。A社は、当社がこれまで（　4　）していた開発事業を得意とし、複数の（　5　）を取っています。A社と当社の（　6　）が融合することで、高い（　7　）が期待できます。

なお、数年以内でのA社との経営統合を念頭に、社長以下担当取締役が（　8　）を取って話し合いを進めています。経営統合までの（　9　）は、配布した（　10　）に記載していますので、後ほど確認してください。

(1)	(2)	(3)	(4)	(5)	(6)	(7)	(8)	(9)	(10)

ア　パテント	**キ**　コア・コンピタンス
イ　シナジー	**ク**　コンテンポラリー
ウ　アウトソーシング	**ケ**　コングロマリット
エ　グランドデザイン	**コ**　レジュメ
オ　フロー	**サ**　アライアンス
カ　イニシアチブ	

合計＿＿＿＿点

解答

● 第1問

1. スノップ
2. ワンストップ
3. インタラクティブ
4. プロダクトアウト
5. デファクトスタンダード

● 第2問

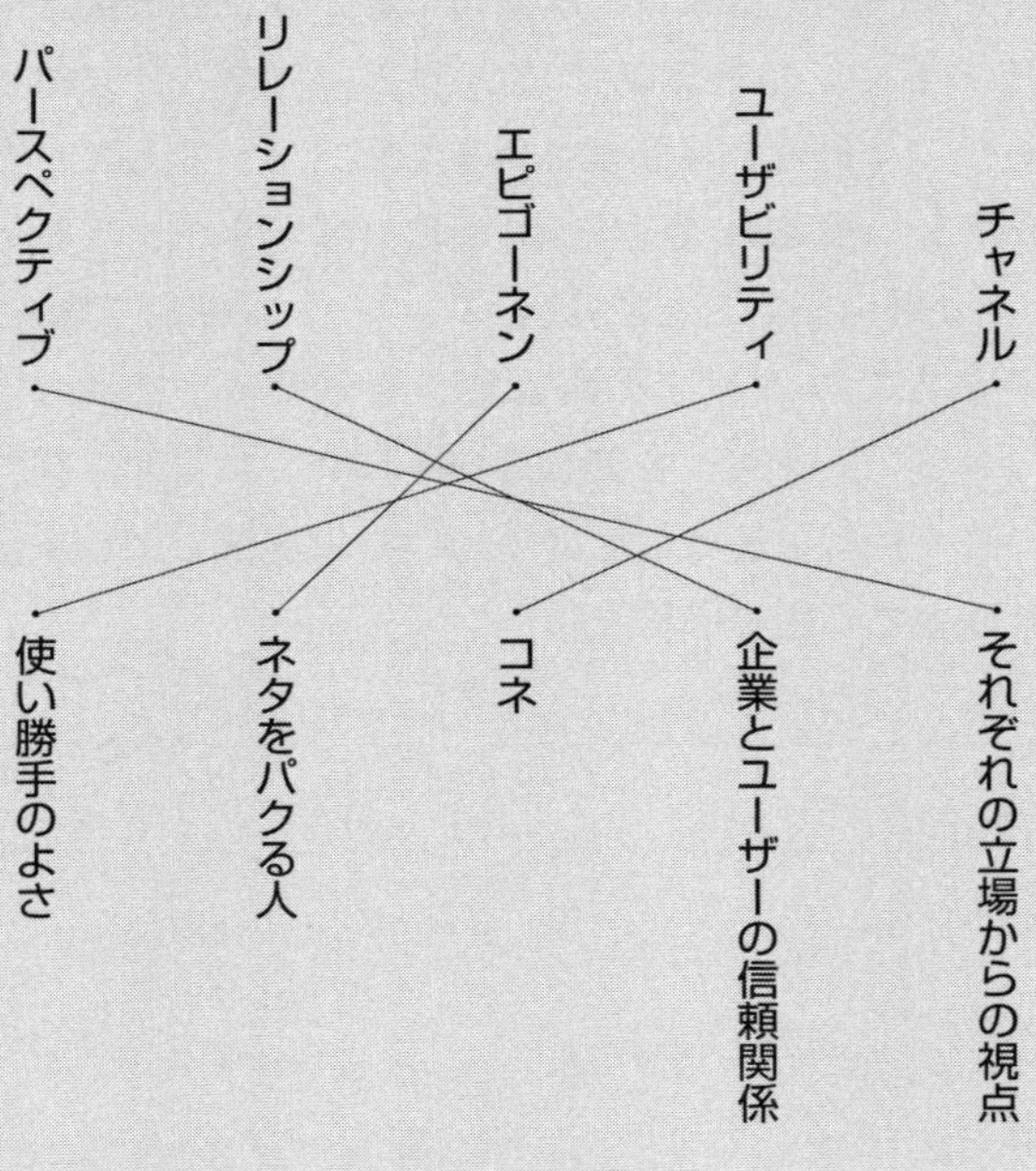

● 第3問

1. イ
2. ア
3. イ
4. イ
5. ア

● 第4問

1. イ
2. ウ
3. ア
4. キ
5. オ

●第５問

1. ウ
2. ア
3. オ
4. エ
5. イ

●第６問

1. エ
2. ケ
3. サ
4. ウ
5. ア
6. キ
7. イ
8. カ
9. オ
10. コ

判定

100点	あなたは、ビジネス用語マスターです。
80〜90点台	惜しい！　間違えた用語をおさらいしましょう。
60〜70点台	もう少しがんばりましょう。本書を読み返しては？
40〜50点台	まだまだです。本書をじっくり読み返しましょう。
30点台以下	……あなた、本書をまだ読んでいませんね？

知っているようで知らない

ビジネス用語辞典

2018年3月10日　第一刷発行

編　者　　ビジネス用語研究会
監　修　　出口汪
発行人　　出口汪
発行所　　株式会社 水王舎
〒160-0023
東京都新宿区西新宿6-15-1
ラ・トゥール新宿511
電話　03-5909-8920

本文印刷　　慶昌堂印刷
カバー印刷　　歩プロセス
製　本　　ナショナル製本
問題制作　　造事務所
イラスト　　寺崎愛
ブックデザイン　　太田俊宏（開発社）
編集協力　　山下達弘（開発社）
編集統括　　瀬戸起彦（水王舎）

落丁、乱丁本はお取り替えいたします。

Printed in Japan
ISBN978-4-86470-094-8